WERNER SCHAUBE

GLAUBENS-GERÜST

BASISTEXTE ZUM CHRISTSEIN

HERDER FREIBURG
BASEL · WIEN

GLAUBENS GERÜST

BASISTEXTE ZUM CHRISTSEIN

GLAUBENS-BASIS

GLAUBENS-PRAXIS

GLAUBENS-FAZIT

Glauben.
Vertrauen können,
sich aufgehoben wissen –
ein Lebensmotiv.
Ausschau halten,
was trägt,
wer uns trägt.

Glauben.
Dagegen spricht
die Begrenztheit
der Grenzenlosigkeit
des Weltalls;
das Verlorensein
angesichts
unsagbaren Leids;
die panische Angst
vor dem Sterben
in Einsamkeit,
vor dem Tod
ohne Hoffnung.

Glauben.
Dafür spricht
der Geschmack
vom Glücklichsein;
ein bißchen
Menschlichkeit,
die Lust am Frieden
als Bereitschaft
zu Worten und Taten
der Versöhnung.

Glauben.
Alles in allem:
eine Möglichkeit
zum Leben,
zum Überleben.
Die Entscheidung:
mein Ja.

Glauben kommt
vom Hören.
Vom Weitersagen
einer frohen Botschaft.
Vom Leben
mit offenen Augen.
Vom guten Willen
mit Herz und Verstand.
Von Konsequenzen.

Glauben
setzt voraus:
die Geschichte Gottes
mit den Menschen;
Zu-Wendung,
Erfahrung,
Ereignis:
geheimnisvoll
und trotzdem
wirklich
und vermittelt.
Offenbarung:
Wort Gottes
an den Menschen,
an mich, an dich,
an alle.
Wort Gottes in Person:
Jesus Christus.
GLAUBENSBASIS.

Jeder steht in
Zusammenhängen:
Du bist mein.
Wir sind dein.
Gemeinschaft.
Dialog. Gespräch.
Gemeinde. Kirche.
Gelebtes Christsein:
GLAUBENSPRAXIS.

Sich erinnern,
davon erzählen,
vergegenwärtigen.
Das Aufleuchten,
formelhaft
in sprachlichen Gebilden,
der Klang, das Raunen
des Betens und Bittens,
über Generationen hin.

Erkenntnisse,
Bekenntnisse,
Zeugnisse:
GLAUBENSFAZIT.

Aussprache
des Gottvertrauens,
das wir Glauben nennen.

Das Glaubensgerüst
ist so konstruiert:
Auswahlbibel,
Kurzkatechismus
und Bekenntnisbuch in einem.
Es will zentrale
und wesentliche Aussagen
des christlichen Glaubens
in Erinnerung rufen.

Die Textauswahl
kann nicht allen
Wünschen und Erwartungen
entsprechen,
aber weniger
kann mehr sein,
wenn der Leser
sich selbst einbringt,
seinerseits
die Lücken füllt,
indem er anfängt,
die Heilige Schrift
zu lesen,
sich über seinen Glauben
informiert,
das Glaubensgespräch
sucht
und sein Bekenntnis
zur Sprache bringt.

Das Glaubensgerüst
wird so zu einem
– Lese- und Gebetbuch
für Glaubende,
– Arbeitsbuch
für Gemeinschaften
und Gemeinden,
– Lehrbuch
für Religionsunterricht
und Katechese,
– Familienbuch
für Eltern und Jugendliche,
– Orientierungsbuch
für Noch-nicht-Glaubende
und Nicht-mehr-Glaubende,
– Geschenkbuch
für viele Anlässe und Feiern
christlichen Lebens.

Werner Schaube

INHALT

I. GLAUBENSBASIS

Abrahams Berufung 8
Mose auf dem Berg Horeb 8
Die Zehn Gebote 12
Das Lied des Mose 14
Das Lied vom Weinberg 16
Gottes große Liebe 18
Der gute Hirt 20
Die Not des Lebens 22
Wechsel, Dauer und Vergessen 24
Erstes Auftreten Jesu in Galiläa 26
Von der falschen und der rechten Sorge 26
Seligpreisungen und Weherufe 28
Von der Vergeltung und der Liebe zu den Feinden 30
Das Beispiel vom barmherzigen Samariter 30
Das Gleichnis vom verlorenen Sohn 34
Die Begegnung mit dem Auferstandenen
auf dem Weg nach Emmaus 36
Der Prolog 38
Die Auferweckung Christi und das Heil 40
Das Leben der jungen Gemeinde 42
Paulus in Athen 42
Das Beispiel Christi 44
Aufforderung zu einem Leben aus dem Geist 44

II. GLAUBENSPRAXIS

Das Gebet des Herrn 48
Das Apostolische Glaubensbekenntnis 48
Ave-Maria 49
Der Engel des Herrn 50
Der Rosenkranz 52
Morgengebete 54
Tischgebete 56
Abendgebete 59
Die Sakramente 60
Das Kirchenjahr 62
Wortmeldungen zum Kirchenjahr 64

III. GLAUBENSFAZIT

Walter Kasper: Christentum 68
Zeittafel 68
Augustinus: Bekenntnisse 70
Wessobrunner Gebet 71
Basiliusliturgie 71
Franziskus: Sonnengesang 72
Thomas von Kempen: Von der Nachfolge Christi 74
Martin Luther: Mitten wir im Leben sind 74
Blaise Pascal: Mémorial 76
Teilhard de Chardin: Hymne an die Materie 77
Dietrich Bonhoeffer:
Von guten Mächten wunderbar geborgen 78
Papst Johannes XXIII.:
Zur Eröffnung des Zweiten Vatikanischen Konzils 79
Osterbotschaft von Taizé 80
Unsere Hoffnung.
Ein Bekenntnis zum Glauben in dieser Zeit 83
Hans Küng: Christsein 83
Karl Rahner: Hast du schon einmal 84
Joseph Ratzinger: Einführung in das Christentum 86
Fridolin Stier: Ich bin da 87
Papst Johannes Paul II.: Friedensgebet 88
Stephen Vincent Benét: Gebet der Vereinten Nationen 90

Quellen 92
Basisliteratur 94
Das PUZZLE-Programm 95

GLAUBENS-
BASIS

Erzählt das Erzählte,
die alte Geschichte:
Neues vom Leben;

hört das Gehörte,
die wunderbaren Worte:
frohe Botschaft.

Da gibt es Fragen,
da gibt es Versagen,
da gibt es Verzweiflung;

es zählt aber Hoffnung:
Sprung über den Graben,
Versöhnung: Frieden haben.

Abrahams Berufung (Buch Genesis 12,1–4)

Der Herr sprach zu Abram: Zieh weg aus deinem Land, von deiner Verwandtschaft und aus deinem Vaterhaus in das Land, das ich dir zeigen werde. Ich werde dich zu einem großen Volk machen, dich segnen und deinen Namen groß machen. Ein Segen sollst du sein. Ich will segnen, die dich segnen; wer dich verwünscht, den will ich verfluchen. Durch dich sollen alle Geschlechter der Erde Segen erlangen.

Da zog Abram weg, wie der Herr ihm gesagt hatte, und mit ihm ging auch Lot. Abram war fünfundsiebzig Jahre alt, als er aus Haran fortzog.

Mose auf dem Berg Horeb (Buch Exodus 3,1–12)

Mose weidete die Schafe und Ziegen seines Schwiegervaters Jitro, des Priesters von Midian. Eines Tages trieb er das Vieh über die Steppe hinaus und kam zum Gottesberg Horeb. Dort erschien ihm der Engel des Herrn in einer Flamme, die aus einem Dornbusch emporschlug. Er schaute hin: Da brannte der Dornbusch und verbrannte doch nicht. Mose sagte: Ich will dorthin gehen und mir die außergewöhnliche Erscheinung ansehen. Warum verbrennt denn der Dornbusch nicht?

Als der Herr sah, daß Mose näher kam, um sich das anzusehen, rief Gott ihm aus dem Dornbusch zu: Mose, Mose! Er antwortete: Hier bin ich. Der Herr sagte: Komm nicht näher heran! Leg deine Schuhe ab; denn der Ort, wo du stehst, ist heiliger Boden. Dann fuhr er fort: Ich bin der Gott deines Vaters, der Gott Abrahams, der Gott Isaaks und der Gott Jakobs. Da verhüllte Mose sein Gesicht; denn er fürchtete sich, Gott anzuschauen.

Der Herr sprach: Ich habe das Elend meines Volkes in Ägypten gesehen, und ihre laute Klage über ihre Antreiber habe ich gehört. Ich kenne ihr Leid. Ich bin herabgestiegen, um sie der Hand der Ägypter zu entreißen und aus jenem Land hinaufzuführen in ein schönes, weites Land, in ein Land, in dem Milch und Honig fließen, in das Gebiet der Kanaaniter, Hetiter,

Amoriter, Perisiter, Hiwiter und Jebusiter. Jetzt ist die laute Klage der Israeliten zu mir gedrungen, und ich habe auch gesehen, wie die Ägypter sie unterdrücken.
Und jetzt geh! Ich sende dich zum Pharao. Führe mein Volk, die Israeliten, aus Ägypten heraus! Mose antwortete Gott: Wer bin

ich, daß ich zum Pharao gehen und die Israeliten aus Ägypten herausführen könnte? Gott aber sagte: Ich bin mit dir; ich habe dich gesandt, und als Zeichen dafür soll dir dienen: Wenn du das Volk aus Ägypten herausgeführt hast, werdet ihr Gott an diesem Berg verehren.

Die Zehn Gebote (Buch Deuteronomium 5,6–22)

Ich bin Jahwe, dein Gott, der dich aus Ägypten geführt hat, aus dem Sklavenhaus. Du sollst neben mir keine anderen Götter haben. Du sollst dir kein Gottesbildnis machen, das irgend etwas darstellt am Himmel droben, auf der Erde unten oder im Wasser unter der Erde. Du sollst dich nicht vor anderen Göttern niederwerfen und dich nicht verpflichten, ihnen zu dienen. Denn ich, der Herr, dein Gott, bin ein eifersüchtiger Gott: Bei denen, die mir feind sind, verfolge ich die Schuld der Väter an den Söhnen und an der dritten und vierten Generation; bei denen, die mich lieben und auf meine Gebote achten, erweise ich Tausenden meine Huld.

Du sollst den Namen des Herrn, deines Gottes, nicht mißbrauchen; denn der Herr läßt den nicht ungestraft, der seinen Namen mißbraucht.

Achte auf den Sabbat: Halte ihn heilig, wie es dir der Herr, dein Gott, zur Pflicht gemacht hat. Sechs Tage darfst du schaffen und jede Arbeit tun. Der siebte Tag ist ein Ruhetag, dem Herrn, deinem Gott, geweiht. An ihm darfst du keine Arbeit tun: du, dein Sohn und deine Tochter, dein Sklave und deine Sklavin,

dein Rind, dein Esel und dein ganzes Vieh und der Fremde, der in deinen Stadtbereichen Wohnrecht hat. Dein Sklave und deine Sklavin sollen sich ausruhen wie du. Denk daran: Als du in Ägypten Sklave warst, hat dich der Herr, dein Gott, mit starker Hand und hoch erhobenem Arm dort herausgeführt. Darum hat es dir der Herr, dein Gott, zur Pflicht gemacht, den Sabbat zu halten.

Ehre deinen Vater und deine Mutter, wie es dir der Herr, dein Gott, zur Pflicht gemacht hat, damit du lange lebst und es dir gut geht in dem Land, das der Herr, dein Gott, dir gibt.

Du sollst nicht morden, du sollst nicht die Ehe brechen, du sollst nicht stehlen, du sollst nicht Falsches gegen deinen Nächsten aussagen, du sollst nicht nach der Frau deines Nächsten verlangen, und du sollst nicht das Haus deines Nächsten begehren, nicht sein Feld, seinen Sklaven oder seine Sklavin, sein Rind oder seinen Esel, nichts, was deinem Nächsten gehört.

Diese Worte sagte der Herr auf dem Berg zu eurer vollzähligen Versammlung, mitten aus dem Feuer, aus Wolken und Dunkel, unter lautem Donner, diese Worte und sonst nichts. Er schrieb sie auf zwei Steintafeln und übergab sie mir.

GLAUBENSBASIS

Das Lied des Mose (Buch Deuteronomium 31,30–32,13)

Und Mose trug der vollzähligen Versammlung Israels den Wortlaut dieses Liedes vor, ohne irgend etwas auszulassen:

Hört zu, ihr Himmel, ich will reden, die Erde lausche meinen Worten.

Meine Lehre wird strömen wie Regen, meine Botschaft wird fallen wie Tau, wie Regentropfen auf das Gras und wie Tauperlen auf die Pflanzen.

Ich will den Namen des Herrn verkünden: Preist die Größe unseres Gottes!

Er heißt: Der Fels. Vollkommen ist, was er tut; denn alle seine Wege sind recht. Er ist ein unbeirrbar treuer Gott, er ist gerecht und gerade.

Ein falsches, verdrehtes Geschlecht fiel von ihm ab, Verkrüppelte, die nicht mehr seine Söhne sind.

Ist das euer Dank an den Herrn, du dummes, verblendetes Volk? Ist er nicht dein Vater, dein Schöpfer? Hat er dich nicht geformt und hingestellt?

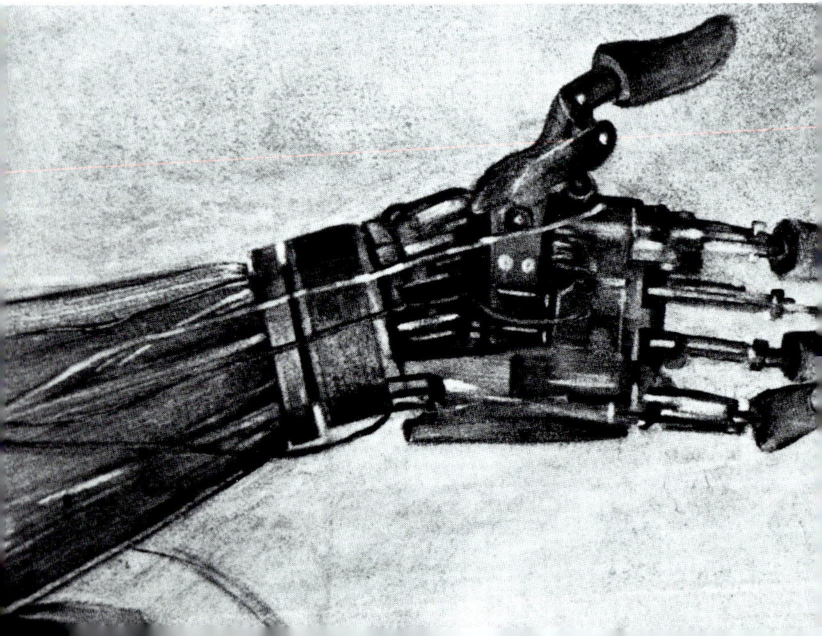

Denk an die Tage der Vergangenheit, lerne aus den Jahren der Geschichte! Frag deinen Vater, er wird es dir erzählen, frag die Alten, sie werden es dir sagen.

Als der Höchste (den Göttern) die Völker übergab, als er die Menschheit aufteilte, legte er die Gebiete der Völker nach der Zahl der Götter fest;

der Herr nahm sich sein Volk als Anteil, Jakob wurde sein Erbland.

Er fand ihn in der Steppe, in der Wüste, wo wildes Getier heult. Er hüllte ihn ein, gab auf ihn acht und hütete ihn wie seinen Augenstern,

wie der Adler, der sein Nest beschützt und über seinen Jungen schwebt, der seine Schwingen ausbreitet, ein Junges ergreift und es flügelschlagend davonträgt.

Der Herr allein hat Jakob geleitet, kein fremder Gott stand ihm zur Seite.

Er führte ihn auf die Berge des Landes, er nährte ihn mit den Früchten des Feldes, er stillte ihn mit Wein aus den Felsen, mit Öl aus Felsspalten.

Das Lied vom Weinberg (Buch Jesaja 5,1–7)

Ich will ein Lied singen von meinem geliebten Freund,
ein Lied vom Weinberg meines Liebsten.

Mein Freund hatte einen Weinberg auf einer fruchtbaren Höhe.

Er grub ihn um und entfernte die Steine und bepflanzte ihn
mit den edelsten Reben.

Er baute mitten darin einen Turm und hob eine Kelter darin aus.

Dann hoffte er, daß der Weinberg süße Trauben brächte,
doch er brachte nur saure Beeren.

Nun sprecht das Urteil, Jerusalems Bürger und ihr Männer
von Juda, im Streit zwischen mir und dem Weinberg!

Was konnte ich noch für meinen Weinberg tun,
das ich nicht für ihn tat?

Warum hoffte ich denn auf süße Trauben?
Warum brachte er nur saure Beeren?

Jetzt aber will ich euch kundtun,
was ich mit meinem Weinberg mache:

Ich entferne seine schützende Hecke; so wird er zur Weide.

Seine Mauer reiße ich ein; dann wird er zertrampelt.

Zu Ödland will ich ihn machen.
Man soll seine Reben nicht schneiden und soll ihn nicht hacken;

Dornen und Disteln werden dort wuchern.
Ich verbiete den Wolken, ihm Regen zu spenden.

Ja, der Weinberg des Herrn der Heere ist das Haus Israel,

und die Männer von Juda sind die Reben,
die er zu seiner Freude gepflanzt hat.

Er hoffte auf Rechtsspruch – doch siehe da: Rechtsbruch,

und auf Gerechtigkeit – doch siehe da:
Der Rechtlose schreit.

GLAUBENSBASIS

Gottes große Liebe (Buch Hosea 11,1–9)

Als Israel jung war, gewann ich ihn lieb,
ich rief meinen Sohn aus Ägypten.

Je mehr ich sie rief,
desto mehr liefen sie von mir weg.

Sie opferten den Baalen
und brachten den Götterbildern Rauchopfer dar.

Ich war es, der Efraim gehen lehrte,
ich nahm ihn auf meine Arme.

Sie aber haben nicht erkannt, daß ich sie heilen wollte.

Mit menschlichen Fesseln zog ich sie an mich,
mit den Ketten der Liebe.

Ich war da für sie wie die (Eltern),
die den Säugling an ihre Wangen heben.
Ich neigte mich ihm zu und gab ihm zu essen.

Doch er muß wieder zurück nach Ägypten,
Assur wird sein König sein;
denn sie haben sich geweigert umzukehren.

Das Schwert wird in seinen Städten wüten;
es wird seinen Schwätzern den Garaus machen
und sie wegen ihrer Pläne vernichten.

Mein Volk verharrt in der Treulosigkeit;
sie rufen zu Baal, doch er hilft ihnen nicht auf.

Wie könnte ich dich preisgeben, Efraim,
wie dich aufgeben, Israel?

Wie könnte ich dich preisgeben wie Adma,
dich behandeln wie Zebojim?

Mein Herz wendet sich gegen mich, mein Mitleid lodert auf.

Ich will meinen glühenden Zorn nicht vollstrecken
und Efraim nicht noch einmal vernichten.

Denn ich bin Gott, nicht ein Mensch, der Heilige in deiner Mitte.
Darum komme ich nicht in der Hitze des Zorns.

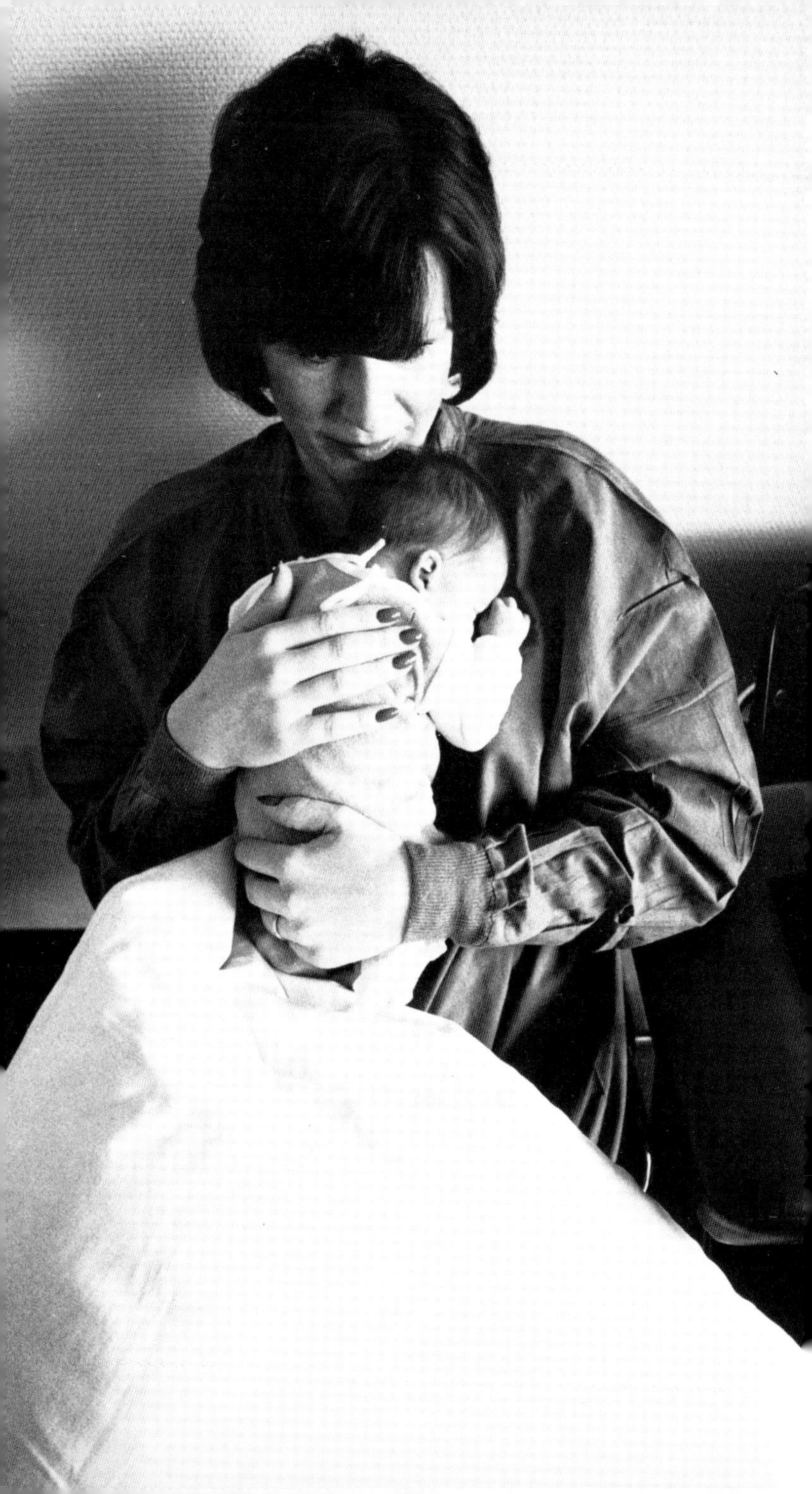

Der gute Hirt (Psalm 23)

Der Herr ist mein Hirte, nichts wird mir fehlen.

Er läßt mich lagern auf grünen Auen
und führt mich zum Ruheplatz am Wasser.

Er stillt mein Verlangen;
er leitet mich auf rechten Pfaden, treu seinem Namen.

Muß ich auch wandern in finsterer Schlucht,
ich fürchte kein Unheil;

denn du bist bei mir,
dein Stock und dein Stab geben mir Zuversicht.

Du deckst mir den Tisch
vor den Augen meiner Feinde.

Du salbst mein Haupt mit Öl,
du füllst mir reichlich den Becher.

Lauter Güte und Huld werden mir folgen mein Leben lang,
und im Haus des Herrn darf ich wohnen für lange Zeit.

Die Not des Lebens (Buch Ijob 7,1–10)

Ist nicht Kriegsdienst des Menschen Leben auf der Erde?
Sind nicht seine Tage die eines Tagelöhners?

Wie ein Knecht ist er, der nach Schatten lechzt,
wie ein Tagelöhner, der auf Lohn wartet.

So wurden Monde voll Enttäuschung mein Erbe,
und Nächte voller Mühsal teilte man mir zu.

Lege ich mich nieder, sage ich: Wann darf ich aufstehn?
Wird es Abend, bin ich gesättigt mit Unrast, bis es dämmert.

Mein Leib ist gekleidet in Maden und Schorf,
meine Haut schrumpft und eitert.

Schneller als das Weberschiffchen eilen meine Tage,
der Faden geht aus, sie schwinden dahin.

Denk daran, daß mein Leben nur ein Hauch ist.
Nie mehr schaut mein Auge Glück.

Kein Auge gewahrt mich, das nach mir sieht,
suchen mich deine Augen, dann bin ich nicht mehr da.

Die Wolke schwindet, vergeht,
so steigt nie mehr auf, wer zur Unterwelt fuhr.

Nie kehrt er zurück in sein Haus,
nie mehr erblickt ihn sein Ort.

Wechsel, Dauer und Vergessen (Buch Kohelet 1,4–11)

Eine Generation geht, eine andere kommt.
Die Erde steht in Ewigkeit.

Die Sonne, die aufging und wieder unterging,
atemlos jagt sie zurück an den Ort, wo sie wieder aufgeht.

Er weht nach Süden, dreht nach Norden,
dreht, dreht, weht, der Wind.
Weil er sich immerzu dreht, kehrt er zurück, der Wind.

Alle Flüsse fließen ins Meer, das Meer wird nicht voll.
Zu dem Ort, wo die Flüsse entspringen,
kehren sie zurück, um wieder zu entspringen.

Alle Dinge sind rastlos tätig,
kein Mensch kann alles ausdrücken,

nie wird ein Auge satt, wenn es beobachtet,
nie wird ein Ohr vom Hören voll.

Was geschehen ist, wird wieder geschehen,
was man getan hat, wird man wieder tun:
Es gibt nichts Neues unter der Sonne.

Zwar gibt es bisweilen ein Ding, von dem es heißt:
Sieh dir das an, das ist etwas Neues –
aber auch das gab es schon in den Zeiten,
die vor uns gewesen sind.

Nur gibt es keine Erinnerung an die Früheren,
und auch an die Späteren, die erst kommen werden,
auch an sie wird es keine Erinnerung geben
bei denen, die noch später kommen werden.

Erstes Auftreten Jesu in Galiläa
(Evangelium nach Markus 1,14–15)

Nachdem man Johannes ins Gefängnis geworfen hatte, ging Jesus wieder nach Galiläa; er verkündete das Evangelium Gottes und sprach: Die Zeit ist erfüllt, das Reich Gottes ist nahe. Kehrt um, und glaubt an das Evangelium!

Von der falschen und der rechten Sorge
(Evangelium nach Matthäus 6,24–34)

Niemand kann zwei Herren dienen; er wird entweder den einen hassen und den andern lieben, oder er wird zu dem einen halten und den andern verachten. Ihr könnt nicht beiden dienen, Gott und dem Mammon.

Deswegen sage ich euch: Sorgt euch nicht um euer Leben und darum, daß ihr etwas zu essen habt, noch um euren Leib und darum, daß ihr etwas anzuziehen habt. Ist nicht das Leben wichtiger als die Nahrung und der Leib wichtiger als die Kleidung? Seht euch die Vögel des Himmels an: Sie säen nicht, sie ernten nicht und sammeln keine Vorräte in Scheunen; euer himmlischer Vater ernährt sie. Seid ihr nicht viel mehr wert als sie? Wer von euch kann mit all seiner Sorge sein Leben auch nur um eine kleine Zeitspanne verlängern? Und was sorgt ihr euch um eure Kleidung? Lernt von den Lilien, die auf dem Feld wachsen: Sie arbeiten nicht und spinnen nicht. Doch ich sage euch: Selbst Salomo war in all seiner Pracht nicht gekleidet wie eine von ihnen. Wenn aber Gott schon das Gras so prächtig kleidet, das heute auf dem Feld steht und morgen ins Feuer geworfen wird, wieviel mehr dann euch, ihr Kleingläubigen! Macht euch also keine Sorgen und fragt nicht: Was sollen wir essen? Was sollen wir trinken? Was sollen wir anziehen? Denn um all das geht es den Heiden. Euer himmlischer Vater weiß, daß ihr das alles braucht. Euch aber muß es zuerst um sein Reich und um seine Gerechtigkeit gehen; dann wird euch alles andere dazugegeben.

Sorgt euch also nicht um morgen; denn der morgige Tag wird für sich selbst sorgen. Jeder Tag hat genug eigene Plage.

Seligpreisungen und Weherufe
(Evangelium nach Lukas, 6,20–26)

Er richtete seine Augen auf seine Jünger und sagte:

Selig, ihr Armen, denn euch gehört das Reich Gottes.

Selig, die ihr jetzt hungert, denn ihr werdet satt werden. Selig, die ihr jetzt weint, denn ihr werdet lachen.

Selig seid ihr, wenn euch die Menschen hassen und aus ihrer Gemeinschaft ausschließen, wenn sie euch beschimpfen und euch in Verruf bringen um des Menschensohnes willen.

Freut euch und jauchzt an jenem Tag; euer Lohn im Himmel wird groß sein. Denn ebenso haben es ihre Väter mit den Propheten gemacht.

Aber weh euch, die ihr reich seid; denn ihr habt keinen Trost mehr zu erwarten.

Weh euch, die ihr jetzt satt seid; denn ihr werdet hungern.

Weh euch, die ihr jetzt lacht; denn ihr werdet klagen und weinen.

Weh euch, wenn euch alle Menschen loben; denn ebenso haben es ihre Väter mit den falschen Propheten gemacht.

Von der Vergeltung und der Liebe zu den Feinden
(Evangelium nach Lukas 6,27–36)

Euch, die ihr mir zuhört, sage ich: Liebt eure Feinde; tut denen Gutes, die euch hassen. Segnet die, die euch verfluchen; betet für die, die euch mißhandeln. Dem, der dich auf die eine Wange schlägt, halt auch die andere hin, und dem, der dir den Mantel wegnimmt, laß auch das Hemd. Gib jedem, der dich bittet; und wenn dir jemand etwas wegnimmt, verlang es nicht zurück. Was ihr von anderen erwartet, das tut ebenso auch ihnen. Wenn ihr nur die liebt, die euch lieben, welchen Dank erwartet ihr dafür? Auch die Sünder lieben die, von denen sie geliebt werden. Und wenn ihr nur denen Gutes tut, die euch Gutes tun, welchen Dank erwartet ihr dafür? Das tun auch die Sünder. Und wenn ihr nur denen etwas leiht, von denen ihr es zurückzubekommen hofft, welchen Dank erwartet ihr dafür? Auch die Sünder leihen Sündern in der Hoffnung, alles zurückzubekommen. Ihr aber sollt eure Feinde lieben und sollt Gutes tun und leihen, auch wo ihr nichts dafür erhoffen könnt. Dann wird euer Lohn groß sein, und ihr werdet Söhne des Höchsten sein; denn auch er ist gütig gegen die Undankbaren und Bösen. Seid barmherzig, wie es auch euer Vater ist!

Das Beispiel vom barmherzigen Samariter
(Evangelium nach Lukas 10,25–37)

Da stand ein Gesetzeslehrer auf, und um Jesus auf die Probe zu stellen, fragte er ihn: Meister, was muß ich tun, um das ewige Leben zu gewinnen? Jesus sagte zu ihm: Was steht im Gesetz? Was liest du dort? Er antwortete: Du sollst den Herrn, deinen Gott, lieben mit ganzem Herzen und ganzer Seele, mit all deiner Kraft und all deinen Gedanken und: Deinen Nächsten sollst Du lieben wie dich selbst. Jesus sagte zu ihm: Du hast richtig geantwortet. Handle danach, und du wirst leben.

Der Gesetzeslehrer wollte seine Frage rechtfertigen und sagte zu Jesus: Und wer ist mein Nächster?

Darauf antwortete ihm Jesus: Ein Mann ging von Jerusalem nach Jericho hinab und wurde von Räubern überfallen.
Sie plünderten ihn aus und schlugen ihn nieder; dann gingen sie weg und ließen ihn halbtot liegen. Zufällig kam ein Priester

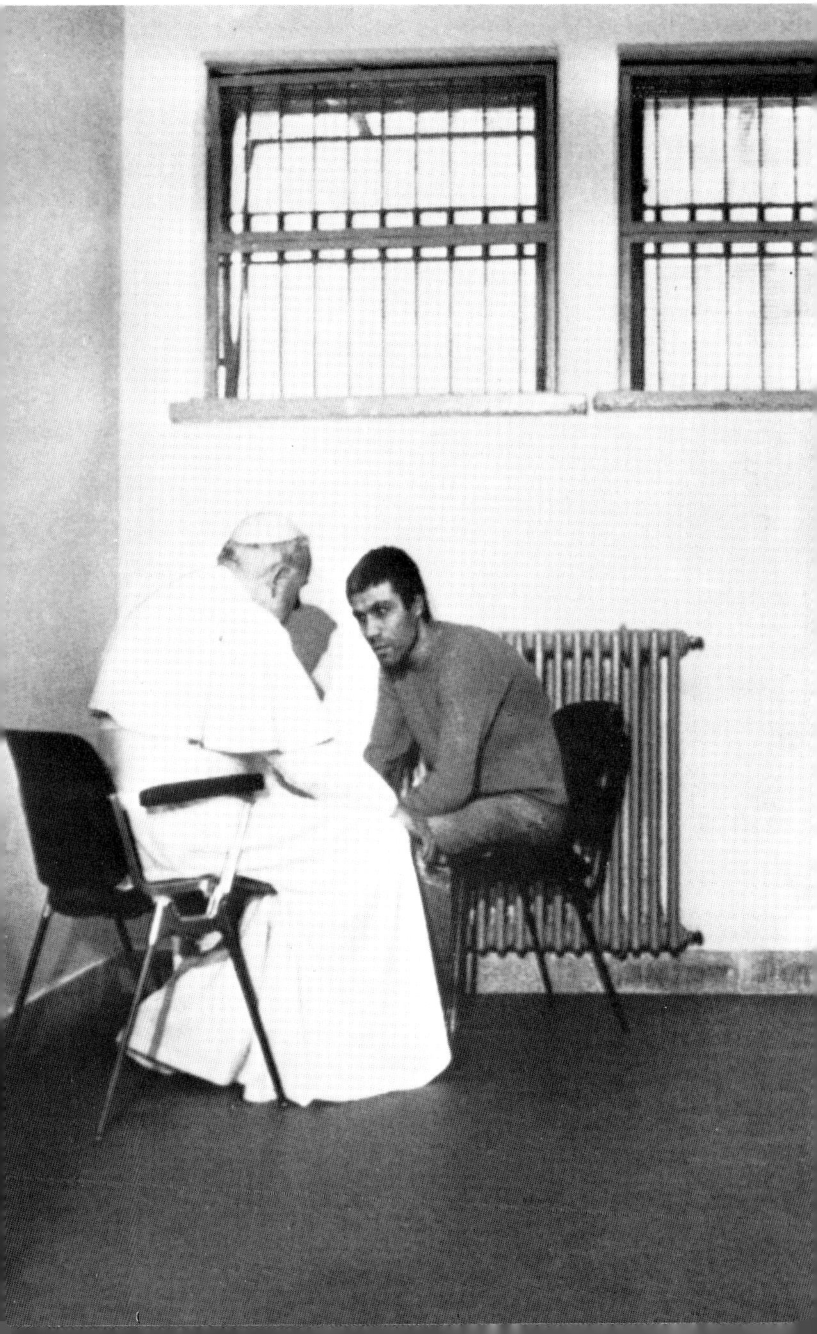

denselben Weg herab; er sah ihn und ging weiter. Auch ein Levit kam zu der Stelle; er sah ihn und ging weiter. Dann kam ein Mann aus Samarien, der auf der Reise war. Als er ihn sah, hatte er Mitleid, ging zu ihm hin, goß Öl und Wein auf seine Wunden und verband sie. Dann hob er ihn auf sein Reittier, brachte ihn zu einer Herberge und sorgte für ihn. Am anderen Morgen holte er zwei Denare hervor, gab sie dem Wirt und

sagte: Sorge für ihn, und wenn du mehr für ihn brauchst, werde ich es dir bezahlen, wenn ich wiederkomme.
Was meinst du: Wer von diesen dreien hat sich als der Nächste dessen erwiesen, der von den Räubern überfallen wurde?
Der Gesetzeslehrer antwortete: Der, der barmherzig an ihm gehandelt hat. Da sagte Jesus zu ihm: Dann geh und handle genauso!

Das Gleichnis vom verlorenen Sohn
(Evangelium nach Lukas 15,11–32)

Weiter sagte Jesus: Ein Mann hatte zwei Söhne. Der jüngere von ihnen sagte zu seinem Vater: Vater, gib mir das Erbteil, das mir zusteht. Da teilte der Vater das Vermögen auf. Nach wenigen Tagen packte der jüngere Sohn alles zusammen und zog in ein fernes Land. Dort führte er ein zügelloses Leben und verschleuderte sein Vermögen. Als er alles durchgebracht hatte, kam eine große Hungersnot über das Land, und es ging ihm sehr schlecht. Da ging er zu einem Bürger des Landes und drängte sich ihm auf; der schickte ihn aufs Feld zum Schweinehüten. Er hätte gern seinen Hunger mit den Futterschoten gestillt, die die Schweine fraßen; aber niemand gab ihm davon. Da ging er in sich und sagte: Wie viele Tagelöhner meines Vaters haben mehr als genug zu essen, und ich komme hier vor Hunger um. Ich will aufbrechen und zu meinem Vater gehen und zu ihm sagen: Vater, ich habe mich gegen den Himmel und gegen dich versündigt. Ich bin nicht mehr wert, dein Sohn zu sein; mach mich zu einem deiner Tagelöhner. Dann brach er auf und ging zu seinem Vater. Der Vater sah ihn schon von weitem kommen, und er hatte Mitleid mit ihm. Er lief dem Sohn entgegen, fiel ihm um den Hals und küßte ihn.

Da sagte der Sohn: Vater, ich habe mich gegen den Himmel und gegen dich versündigt; ich bin nicht mehr wert, dein Sohn zu sein. Der Vater aber sagte zu seinen Knechten: Holt schnell das beste Gewand, und zieht es ihm an, steckt ihm einen Ring an die Hand, und zieht ihm Schuhe an. Bringt das Mastkalb her, und schlachtet es; wir wollen essen und fröhlich sein. Denn mein Sohn war tot und lebt wieder; er war verloren und ist wiedergefunden worden. Und sie begannen, ein fröhliches Fest zu feiern.

Sein älterer Sohn war unterdessen auf dem Feld. Als er heimging und in die Nähe des Hauses kam, hörte er Musik und Tanz. Da rief er einen der Knechte und fragte, was das bedeuten solle. Der Knecht antwortete: Dein Bruder ist gekommen, und dein Vater hat das Mastkalb schlachten lassen, weil er ihn heil und gesund wiederbekommen hat. Da wurde er zornig und wollte nicht hineingehen. Sein Vater aber kam heraus und redete ihm gut zu. Doch er erwiderte dem Vater: So viele Jahre schon diene ich dir, und nie habe ich gegen deinen Willen gehandelt; mir aber hast du nie auch nur einen Ziegenbock geschenkt, damit ich mit meinen Freunden ein Fest feiern konnte. Kaum aber ist der hier gekommen, dein Sohn, der dein Vermögen mit Dirnen durchgebracht hat, da hast du für ihn das Mastkalb geschlachtet. Der Vater antwortete ihm: Mein Kind, du bist immer bei mir, und alles, was mein ist, ist auch dein. Aber jetzt müssen wir uns doch freuen und ein Fest feiern; denn dein Bruder war tot und lebt wieder; er war verloren und ist wiedergefunden worden.

GLAUBENSBASIS

Die Begegnung mit dem Auferstandenen auf dem Weg nach Emmaus (Evangelium nach Lukas 24,13–35)

Am gleichen Tag waren zwei von den Jüngern auf dem Weg in ein Dorf namens Emmaus, das sechzig Stadien von Jerusalem entfernt ist. Sie sprachen miteinander über all das, was sich ereignet hatte. Während sie redeten und ihre Gedanken austauschten, kam Jesus hinzu und ging mit ihnen. Doch sie waren wie mit Blindheit geschlagen, so daß sie ihn nicht erkannten. Er fragte sie: Was sind das für Dinge, über die ihr auf eurem Weg miteinander redet? Da blieben sie traurig stehen, und der eine von ihnen – er hieß Kleopas – antwortete ihm: Bist du so fremd in Jerusalem, daß du als einziger nicht weißt, was in diesen Tagen dort geschehen ist? Er fragte sie: Was denn? Sie antworteten ihm: Das mit Jesus von Nazaret. Er war ein Prophet, mächtig in Wort und Tat vor Gott und dem ganzen Volk. Doch unsere Hohenpriester und Führer haben ihn zum Tod verurteilt und ans Kreuz schlagen lassen. Wir aber hatten gehofft, daß er der sei, der Israel erlösen werde. Und dazu ist heute schon der dritte Tag, seitdem das alles geschehen ist. Aber nicht nur das: Auch einige Frauen aus unserem Kreis haben uns in große Aufregung versetzt. Sie waren in der Frühe beim Grab, fanden aber seinen Leichnam nicht. Als sie zurückkamen, erzählten sie, es seien ihnen Engel

erschienen und hätten gesagt, er lebe. Einige von uns gingen dann zum Grab und fanden alles so, wie die Frauen gesagt hatten; ihn selbst aber sahen sie nicht.

Da sagte er zu ihnen: Begreift ihr denn nicht? Wie schwer fällt es euch, alles zu glauben, was die Propheten gesagt haben. Mußte nicht der Messias all das erleiden, um so in seine Herrlichkeit zu gelangen? Und er legte ihnen dar, ausgehend von Mose und allen Propheten, was in der gesamten Schrift über ihn geschrieben steht. So erreichten sie das Dorf, zu dem sie unterwegs waren. Jesus tat, als wolle er weitergehen, aber sie drängten ihn und sagten: Bleib doch bei uns; denn es wird bald Abend, der Tag hat sich schon geneigt. Da ging er mit hinein, um bei ihnen zu bleiben. Und als er mit ihnen bei Tisch war, nahm er das Brot, sprach den Lobpreis, brach das Brot und gab es ihnen. Da gingen ihnen die Augen auf, und sie erkannten ihn; dann sahen sie ihn nicht mehr. Und sie sagten zueinander: Brannte uns nicht das Herz in der Brust, als er unterwegs mit uns redete und uns den Sinn der Schrift erschloß? Noch in derselben Stunde brachen sie auf und kehrten nach Jerusalem zurück, und sie fanden die Elf und die anderen Jünger versammelt. Diese sagten: Der Herr ist wirklich auferstanden und ist dem Simon erschienen. Da erzählten auch sie, was sie unterwegs erlebt und wie sie ihn erkannt hatten, als er das Brot brach.

GLAUBENSBASIS

Der Prolog (Evangelium nach Johannes 1,1–18)

Im Anfang war das Wort, und das Wort war bei Gott, und das Wort war Gott.
Im Anfang war es bei Gott.
Alles ist durch das Wort geworden, und ohne das Wort wurde nichts, was geworden ist.
In ihm war das Leben, und das Leben war das Licht der Menschen.
Und das Licht leuchtet in der Finsternis, und die Finsternis hat es nicht erfaßt.
Es trat ein Mensch auf, der von Gott gesandt war; sein Name war Johannes. Er kam als Zeuge, um Zeugnis abzulegen für das Licht, damit alle durch ihn zum Glauben kommen. Er war nicht selbst das Licht, er sollte nur Zeugnis ablegen für das Licht.
Das wahre Licht, das jeden Menschen erleuchtet, kam in die Welt.

Er war in der Welt, und die Welt ist durch ihn geworden, aber die Welt erkannte ihn nicht.
Er kam in sein Eigentum, aber die Seinen nahmen ihn nicht auf.
Allen aber, die ihn aufnahmen, gab er Macht, Kinder Gottes zu werden, allen, die an seinen Namen glauben,
die nicht aus dem Blut, nicht aus dem Willen des Fleisches, nicht aus dem Willen des Mannes, sondern aus Gott geboren sind.
Und das Wort ist Fleisch geworden und hat unter uns gewohnt, und wir haben seine Herrlichkeit gesehen, die Herrlichkeit des einzigen Sohnes vom Vater, voll Gnade und Wahrheit.
Johannes legte Zeugnis für ihn ab und rief: Dieser war es, über den ich gesagt habe: Er, der nach mir kommt, ist mir voraus, weil er vor mir war.
Aus seiner Fülle haben wir alle empfangen, Gnade über Gnade.
Denn das Gesetz wurde durch Mose gegeben, die Gnade und die Wahrheit kamen durch Jesus Christus. Niemand hat Gott je gesehen. Der Einzige, der Gott ist und am Herzen des Vaters ruht, er hat Kunde gebracht.

GLAUBENSBASIS

Die Auferweckung Christi und das Heil
(1. Brief an die Korinther 15,1–8.12–19)

Ich erinnere euch, Brüder, an das Evangelium, das ich euch verkündet habe. Ihr habt es angenommen; es ist der Grund, auf dem ihr steht. Durch dieses Evangelium werdet ihr gerettet, wenn ihr an dem Wortlaut festhaltet, den ich euch verkündet habe. Oder habt ihr den Glauben vielleicht unüberlegt angenommen? Denn vor allem habe ich euch überliefert, was auch ich empfangen habe:

Christus ist für unsere Sünden gestorben,
gemäß der Schrift,

und ist begraben worden.
Er ist am dritten Tag auferweckt worden,
gemäß der Schrift,

und erschien dem Kephas, dann den Zwölf.

Danach erschien er mehr als fünfhundert Brüdern zugleich; die meisten von ihnen sind noch am Leben, einige sind entschlafen. Danach erschien er dem Jakobus, dann allen Aposteln. Als letztem von allen erschien er auch mir, dem Unerwarteten, der „Mißgeburt".

Wenn aber verkündigt wird, daß Christus von den Toten auferweckt worden ist, wie können dann einige von euch sagen: Eine Auferstehung der Toten gibt es nicht? Wenn es keine Auferstehung der Toten gibt, ist auch Christus nicht auferweckt worden. Ist aber Christus nicht auferweckt worden, dann ist unsere Verkündigung leer und euer Glaube sinnlos. Wir werden dann auch als falsche Zeugen Gottes entlarvt, weil wir im Widerspruch zu Gott das Zeugnis abgelegt haben: Er hat Christus auferweckt. Er hat ihn eben nicht auferweckt, wenn Tote nicht auferweckt werden. Denn wenn Tote nicht auferweckt werden, ist auch Christus nicht auferweckt worden. Wenn aber Christus nicht auferweckt worden ist, dann ist euer Glaube nutzlos, und ihr seid immer noch in euren Sünden; und auch die in Christus Entschlafenen sind dann verloren. Wenn wir unsere Hoffnung nur in diesem Leben auf Christus gesetzt haben, sind wir erbärmlicher daran als alle anderen Menschen.

Das Leben der jungen Gemeinde (Apostelgeschichte 2, 42–47)

Sie hielten an der Lehre der Apostel fest und an der Gemeinschaft, am Brechen des Brotes und an den Gebeten.
Alle wurden von Furcht ergriffen; denn durch die Apostel geschahen viele Wunder und Zeichen. Und alle, die gläubig geworden waren, bildeten eine Gemeinschaft und hatten alles gemeinsam. Sie verkauften Hab und Gut und gaben davon allen, jedem so viel, wie er nötig hatte. Tag für Tag verharrten sie einmütig im Tempel, brachen in ihren Häusern das Brot und hielten miteinander Mahl in Freude und Einfalt des Herzens. Sie lobten Gott und waren beim ganzen Volk beliebt. Und der Herr fügte täglich ihrer Gemeinschaft die hinzu, die gerettet werden sollten.

Paulus in Athen (Apostelgeschichte 17, 16–34)

Während Paulus in Athen auf sie wartete, erfaßte ihn heftiger Zorn; denn er sah die Stadt voll von Götzenbildern. Er redete in der Synagoge mit den Juden und Gottesfürchtigen, und auf dem Markt sprach er täglich mit denen, die er gerade antraf.

Einige von den epikureischen und stoischen Philosophen diskutierten mit ihm, und manche sagten: Was will denn dieser Schwätzer? Andere aber: Es scheint ein Verkünder fremder Gottheiten zu sein. Er verkündete nämlich das Evangelium von Jesus und von der Auferstehung. Sie nahmen ihn mit, führten ihn zum Areopag und fragten: Können wir erfahren, was das für eine neue Lehre ist, die du vorträgst? Du bringst uns recht befremdliche Dinge zu Gehör. Wir wüßten gern, worum es sich handelt. Alle Athener und die Fremden dort taten nichts lieber, als die letzten Neuigkeiten zu erzählen oder zu hören.

Da stellte sich Paulus in die Mitte des Areopags und sagte: Athener, nach allem, was ich sehe, seid ihr besonders fromme Menschen. Denn als ich umherging und mir eure Heiligtümer ansah, fand ich auch einen Altar mit der Aufschrift: EINEM UNBEKANNTEN GOTT. Was ihr verehrt, ohne es zu kennen, das verkünde ich euch. Gott, der die Welt erschaffen hat und alles in ihr, er, der Herr über Himmel und Erde, wohnt nicht in Tempeln, die von Menschenhand gemacht sind. Er läßt sich auch nicht von Menschen bedienen, als brauche er etwas: er, der allen das Leben, den Atem und alles gibt. Er hat aus einem einzigen Menschen das ganze Menschengeschlecht erschaffen, damit es die ganze Erde bewohne. Er hat für sie bestimmte Zeiten und die Grenzen ihrer Wohnsitze festgesetzt. Sie sollten Gott suchen, ob sie ihn ertasten und finden könnten; denn keinem von uns ist er fern. Denn in ihm leben wir, bewegen wir uns und sind wir, wie auch einige von euren Dichtern gesagt haben: Wir sind von seiner Art. Da wir also von Gottes Art sind, dürfen wir nicht meinen, das Göttliche sei wie ein goldenes oder silbernes oder steinernes Gebilde menschlicher Kunst und Erfindung. Gott, der über die Zeiten der Unwissenheit hinweggesehen hat, läßt jetzt den Menschen verkünden, daß überall alle umkehren sollen. Denn er hat einen Tag festgesetzt, an dem er den Erdkreis in Gerechtigkeit richten wird, durch einen Mann, den er dazu bestimmt und vor allen Menschen dadurch ausgewiesen hat, daß er ihn von den Toten auferweckte.

Als sie von der Auferstehung der Toten hörten, spotteten die einen, andere aber sagten: Darüber wollen wir dich ein andermal hören. So ging Paulus aus ihrer Mitte weg. Einige Männer aber schlossen sich ihm an und wurden gläubig, unter ihnen auch Dionysius, der Areopagit, außerdem eine Frau namens Damaris und noch andere mit ihnen.

Das Beispiel Christi (Brief an die Philipper 2,5–11)

Seid untereinander so gesinnt, wie es dem Leben in Christus Jesus entspricht:

Er war Gott gleich, hielt aber nicht daran fest, wie Gott zu sein,

sondern er entäußerte sich und wurde wie ein Sklave und den Menschen gleich. Sein Leben war das eines Menschen;

er erniedrigte sich und war gehorsam bis zum Tod, bis zum Tod am Kreuz.

Darum hat ihn Gott über alle erhöht und ihm den Namen verliehen, der größer ist als alle Namen,

damit alle im Himmel, auf der Erde und unter der Erde ihre Knie beugen vor dem Namen Jesu

und jeder Mund bekennt: „Jesus Christus ist der Herr" – zur Ehre Gottes, des Vaters.

Aufforderung zu einem Leben aus dem Geist (Brief an die Römer 12,9–21)

Eure Liebe sei ohne Heuchelei. Verabscheut das Böse, haltet fest am Guten! Seid einander in brüderlicher Liebe zugetan, übertrefft euch in gegenseitiger Achtung! Laßt nicht nach in eurem Eifer, laßt euch vom Geist entflammen und dient dem Herrn! Seid fröhlich in der Hoffnung, geduldig in der Bedrängnis, beharrlich im Gebet! Helft den Heiligen, wenn sie in Not sind; gewährt jederzeit Gastfreundschaft! Segnet eure Verfolger; segnet sie, verflucht sie nicht! Freut euch mit den Fröhlichen und weint mit den Weinenden! Seid untereinander eines Sinnes; strebt nicht hoch hinaus, sondern bleibt demütig! Haltet euch nicht selbst für weise! Vergeltet niemand Böses mit Bösem! Seid allen Menschen gegenüber auf Gutes bedacht! Soweit es euch möglich ist, haltet mit allen Menschen Frieden! Rächt euch nicht selber, liebe Brüder, sondern laßt Raum für den Zorn (Gottes); denn in der Schrift steht: Mein ist die Rache, ich werde vergelten, spricht der Herr. Vielmehr: Wenn dein Feind Hunger hat, gib ihm zu essen, wenn er Durst hat, gib ihm zu trinken; tust du das, dann sammelst du glühende Kohlen auf sein Haupt. Laß dich nicht vom Bösen besiegen, sondern besiege das Böse durch das Gute!

4

GLAUBENS-
PRAXIS

Du
gibst mir
vierundzwanzig Stunden
täglich.

Du
schenkst mir
dreihundertfünfundsechzig Tage
im Jahr.

Du
läßt mich leben
von Kindesbeinen bis ins
hohe Alter.

Du,
der du mit meinem Leben
soviel zu tun hast:
hab mich im Auge
Tag für Tag, Jahr für Jahr,
vom ersten Schrei
bis zum letzten Atemzug.

Du
Gott des Lebens,
meines Lebens.

GLAUBENSPRAXIS

Das Gebet des Herrn

Vater unser im Himmel,
Geheiligt werde dein Name.
Dein Reich komme.
Dein Wille geschehe, wie im Himmel so auf Erden.
Unser tägliches Brot gib uns heute.
Und vergib uns unsere Schuld,
wie auch wir vergeben unsern Schuldigern.
Und führe uns nicht in Versuchung,
sondern erlöse uns von dem Bösen.
Denn dein ist das Reich und die Kraft und die Herrlichkeit
in Ewigkeit. Amen.

Das Apostolische Glaubensbekenntnis

Ich glaube an Gott,	den Vater, den Allmächtigen,
und an Jesus Christus,	seinen eingeborenen Sohn, unsern Herrn,
Ich glaube an den Heiligen Geist,	die heilige katholische Kirche,

Ave-Maria

Gegrüßet seist du, Maria,
voll der Gnade,
der Herr ist mit dir.
Du bist gebenedeit unter den Frauen,
und gebenedeit ist die Frucht deines Leibes, Jesus.

Heilige Maria, Mutter Gottes,
bitte für uns Sünder
jetzt und in der Stunde unseres Todes. Amen.

den Schöpfer des Himmels und der Erde,

---

empfangen durch den Heiligen Geist,
geboren von der Jungfrau Maria,
gelitten unter Pontius Pilatus,
gekreuzigt, gestorben und begraben,
hinabgestiegen in das Reich des Todes,
am dritten Tage auferstanden von den Toten,
aufgefahren in den Himmel;
er sitzt zur Rechten Gottes, des allmächtigen Vaters;
von dort wird er kommen,
zu richten die Lebenden und die Toten.

Gemeinschaft der Heiligen,
Vergebung der Sünden,
Auferstehung der Toten
und das ewige Leben. Amen.

Der Engel des Herrn

Der Engel des Herrn brachte Maria die Botschaft,
und sie empfing vom Heiligen Geist.
Gegrüßet seist du, Maria ...
Heilige Maria, Mutter Gottes ...

Maria sprach: Siehe, ich bin die Magd des Herrn,
mir geschehe nach deinem Wort.
Gegrüßet seist du, Maria ...
Heilige Maria, Mutter Gottes ...

Und das Wort ist Fleisch geworden
und hat unter uns gewohnt.
Gegrüßet seist du, Maria ...
Heilige Maria, Mutter Gottes ...

Bitte für uns, heilige Gottesmutter,
daß wir würdig werden der Verheißungen Christi.
Lasset uns beten.
Gott, du hast den Engel mit der Botschaft gesandt, und dein ewiges Wort hat Fleisch angenommen aus dem Schoß der seligen Jungfrau Maria. Gläubig verehren wir sie als wahre Gottesmutter und bitten dich: Auf ihre Fürsprache hin komm unserem Flehen zu Hilfe. Durch Christus, unseren Herrn. Amen.

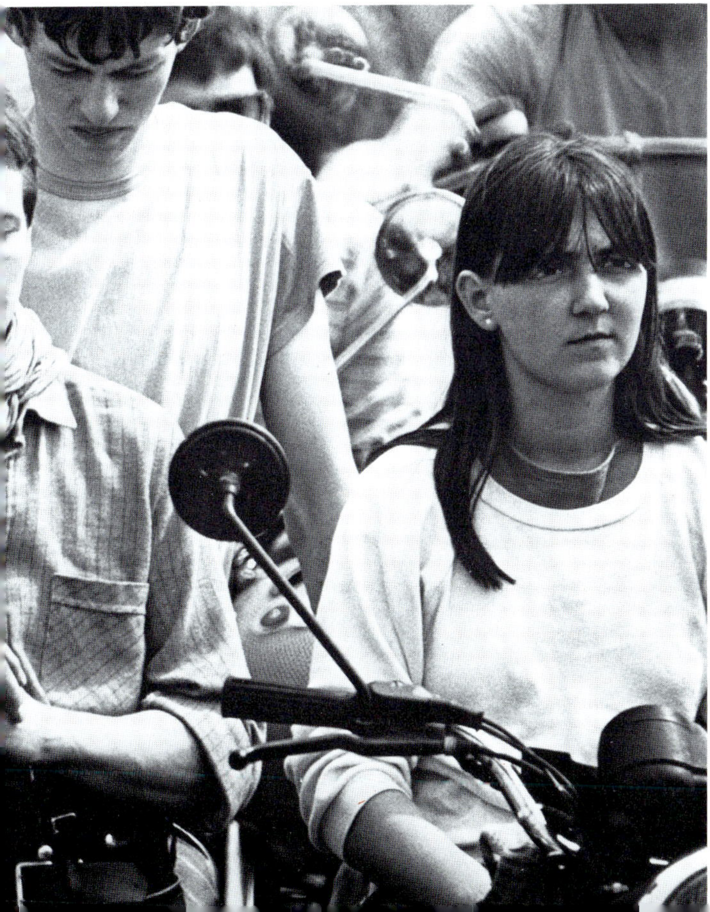

Der Rosenkranz

Im Namen des Vaters und des Sohnes und des Heiligen Geistes. Amen. Ich glaube an Gott ... Vater unser ... Gegrüßet seist du, Maria ...

In die ersten drei Ave-Maria werden nach „Jesus" die Bitten um die drei göttlichen Tugenden eingefügt:

... Jesus, der in uns den Glauben vermehre.
... Jesus, der in uns die Hoffnung stärke.
... Jesus, der in uns die Liebe entzünde.

Ehre sei dem Vater ...

Die freudenreichen Geheimnisse

Jesus, den du, o Jungfrau, vom Heiligen Geist empfangen hast.
Jesus, den du, o Jungfrau, zu Elisabet getragen hast.
Jesus, den du, o Jungfrau, (in Betlehem) geboren hast.
Jesus, den du, o Jungfrau, im Tempel aufgeopfert hast.
Jesus, den du, o Jungfrau, im Tempel wiedergefunden hast.

Die schmerzhaften Geheimnisse

Jesus, der für uns Blut geschwitzt hat.
Jesus, der für uns gegeißelt worden ist.
Jesus, der für uns mit Dornen gekrönt worden ist.
Jesus, der für uns das schwere Kreuz getragen hat.
Jesus, der für uns gekreuzigt worden ist.

Die glorreichen Geheimnisse

Jesus, der von den Toten auferstanden ist.
Jesus, der in den Himmel aufgefahren ist.
Jesus, der uns den Heiligen Geist gesandt hat.
Jesus, der dich, o Jungfrau, in den Himmel aufgenommen hat.
Jesus, der dich, o Jungfrau, im Himmel gekrönt hat.

Morgengebete

Im Namen des Vaters
und des Sohnes
und des Heiligen Geistes.

Herr,
schau herab auf uns und leite uns.
Laß leuchten über uns dein Antlitz.
Laß unserer Hände Werk gelingen;
ja, laß gelingen unserer Hände Werk.

Laß mich aufstehen mit deinem Segen
und unter deinem Schutz meinen Weg gehen.
Christus, durch mich zeige den Menschen,
was deine Kraft und Güte vermag.
Bleibe mir zur Seite, stehe mir bei.

Walther von der Vogelweide

Herr,
ich werfe meine Freude
wie Vögel an den Himmel.
Die Nacht ist verflattert,
und ich freue mich am Licht.

Herr,
ich werfe meine Freude
wie Vögel an den Himmel.
Ein neuer Tag,
der glitzert und knistert,
knallt und jubiliert
von deiner Liebe.
Jeden Tag machst du.
Halleluja, Herr!

Aus Westafrika

Tischgebete

Vater,
wir leben von deinen Gaben.
Segne das Haus, segne das Brot.
Gib uns die Kraft,
von dem, was wir haben,
denen zu geben,
die in Hunger und Not.

Wir danken dir,
allmächtiger Gott,
für alle deine Wohltaten,
der du lebst und herrschst
in Ewigkeit. Amen.

Jesus,
du hast Brote und Fische gesegnet
und an viele Männer und Frauen verteilt.
Du hast keinen Menschen vergessen.
Du hast alle glücklich gemacht.
Segne dieses Essen und auch uns.

Hilf uns,
daß wir das Essen gerecht verteilen.
Keiner darf hungrig fortgehen.
Alle sollen essen und sich freuen.
Wir danken dir für unseren Anteil
an diesem guten Essen.

Aus Papua-Neuguinea

Wir setzen uns an einen Tisch,
haben Frieden miteinander.
Wir teilen Brot und Worte
und danken Gott, dem Herrn,
der für uns da ist,
in guten und in schlechten Zeiten.

Wir gehen auseinander,
bleiben eines Sinnes.
Wir fühlen uns beschenkt
und danken Gott, dem Herrn,
der für uns da ist,
in guten und in schlechten Zeiten. *Werner Schaube*

GLAUBENSPRAXIS

Abendgebete

Bevor des Tages Licht vergeht,
o Herr der Welt, hör dies Gebet:
Behüte uns in dieser Nacht
durch deine große Güt und Macht.
Dank dir, o Vater reich an Macht,
der über uns voll Güte wacht
und mit dem Sohn und Heilgen Geist
des Lebens Fülle uns verheißt. Amen.

Friedrich Dörr

Daß ich vor mir bestehen kann,
ehrlich bin und frei von Eitelkeiten;
daß ich mich nicht wichtiger nehme
als unbedingt nötig;
daß ich Mut genug habe,
von Zeit zu Zeit
Bestandsaufnahme zu machen:
Wo stehe ich,
was will ich,
was ist mir möglich und was nicht.

Und was immer mein Leben
mich erleben läßt:
du, Gott,
bist mir in Jesus Christus
sinnvoller Lebensinhalt geworden.

Werner Schaube

Herr! schicke, was du willst,
ein Liebes oder Leides;
ich bin vergnügt, daß beides
aus deinen Händen quillt.
Wollest mit Freuden
und wollest mit Leiden
mich nicht überschütten!
Doch in der Mitten
liegt holdes Bescheiden.

Eduard Mörike

Die Sakramente

Wenn Christen über ihren Glauben Rechenschaft geben, liegt es nahe, daß sie vom Vaterunser und vom Glaubensbekenntnis sprechen; aber auch die alltägliche Lebenspraxis muß zu Wort kommen. Denn der christliche Glaube ist weit mehr als nur eine Lehre über Gott und die Menschen. Er ist eine bestimmte Art zu leben und die Welt zu gestalten. Er ist ein besonderes Verhältnis zu allen persönlichen und gesellschaftlichen Bereichen; er ist christlicher Lebensvollzug als Kirche.

Von jeher stellt sich dem Menschen an den wichtigsten Stationen seines Lebens mit besonderer Eindringlichkeit die Frage nach dem Sinn dieses Lebens. Lebensvorgänge von besonderer Bedeutung, wie Geburt, Eintritt in die bewußte und entschiedene Auseinandersetzung mit Umwelt und Gesellschaft, Eheschließung, Schuld, schwere Krankheit und Tod, lassen ihn danach fragen, was hinter diesem Geschehen steht, woher sein Leben kommt und wohin es führt. Eine eigene Deutung und Bestimmung solcher Situationen gibt der christliche Glaube in den Sakramenten. Hier werden die zentralen Lebensfragen des Menschen aufgegriffen und finden Antwort und Hilfe zu ihrer Bewältigung in der Begegnung mit Christus, die Heil bewirkt.

Christen sind unterwegs zu einem Leben, in dem Gott alles in allem sein wird. Die Kirche ist Zeichen für dieses Heil; sie ist für die Christen ein besonderer Ort, wo sie Gottes Nähe „für uns und um unseres Heiles willen" erfahren können. Sie ist „Sakrament" der Einheit der Menschen mit Gott und untereinander; das heißt, sie ist das Voraus-Zeichen, das Signal der kommenden Welt, in dem schon das Kommende wirksam wird.

Die Kirche feiert sieben Sakramente:

Taufe, Firmung, Eucharistie,
Buße, Krankensalbung, Priesterweihe, Ehe.

Das christliche Leben wird grundgelegt durch den Empfang der ersten drei Sakramente.

Grundriß des Glaubens. Katholischer Katechismus

Das Kirchenjahr

Das liturgische Jahr (Kirchenjahr) hat zwei Festkreise: den Weihnachts- und den Osterfestkreis.

Das älteste und ursprünglich einzige Fest im christlichen Jahr ist Ostern, das „Pascha des Herrn". Es hat seine Wurzeln in der Paschafeier des Alten Bundes. Israel feierte am Paschafest die Befreiung aus der ägyptischen Knechtschaft als die große Rettungstat seines Gottes. Inhalt des christlichen Festes, im Deutschen „Osterfest" genannt, ist die neue, größere Befreiung, die Christus durch seinen Tod und seine Auferstehung der ganzen Menschheit gebracht hat. „Als unser Paschalamm ist Christus geopfert worden", schreibt der Apostel Paulus an die Christen von Korinth (1 Kor 5, 7). Sooft die christliche Gemeinde in ihrer Eucharistiefeier die Erinnerung an den Tod und die Auferstehung Christi begeht, feiert sie Ostern. Das tut sie vor allem am ersten Wochentag, dem „Tag des Herrn". Jeder Sonntag ist ein kleines Osterfest.

Mit der Feier des Todes und der Auferstehung Jesu an Ostern verbindet sich die Erinnerung an seine Himmelfahrt und an die Sendung des Heiligen Geistes. Schon früh entstanden daher, als Begleitfeste von Ostern, die Feste Christi Himmelfahrt und Pfingsten. Als Vorbereitung auf Ostern, als Zeit der Umkehr und der Erneuerung, dient die Fastenzeit, die sechs Wochen vor Ostern beginnt. So umfaßt die österliche Festzeit den Zeitraum vom ersten Fastensonntag (vom Aschermittwoch) bis zum Pfingstsonntag. Einen festen Termin hat das Osterfest nicht: es wird nach abendländischem Brauch am Sonntag nach dem ersten Frühlingsvollmond begangen.

Neben Ostern, das als Mitte und Gipfel des liturgischen Jahres zu gelten hat, steht als zweites Hochfest Weihnachten, das Fest der Menschwerdung, an dem wir Jesus, das Kind der Jungfrau Maria, als den wahren Gottessohn begrüßen und anbeten. Die vorausgehenden Wochen des Advents und das abschließende Fest der Erscheinung (Epiphanie) erweitern und vertiefen den Festgedanken von Weihnachten. „Advent" bedeutete, ebenso wie „Epiphanie", in der Zeit, als diese Feste entstanden, die Ankunft des Herrschers, seinen glückverheißenden Einzug in eine Stadt. An Weihnachten feiern wir mehr die Ankunft des Herrn in Armut und Schwachheit, eben seine menschliche Geburt; die Adventszeit aber erinnert uns, ebenso wie das abschließende Epiphaniefest, an das Kommen Christi in Macht und Herrlichkeit, das wir erwarten.

Der Weihnachts- und der Osterfestkreis mit den dazwischenliegenden „Sonntagen im Jahreskreis", den grünen Sonntagen, bilden das liturgische Jahr, das Kirchenjahr. Der eigentliche Inhalt des liturgischen Jahres – wie der Weltgeschichte – ist Christus selbst: der Auferstandene, der in seiner Kirche und mit ihr den Weg durch die Jahrhunderte geht. Daß wir Christus besser erkennen, daß wir die Wahrheit seiner Auferstehung und die Macht seiner Liebe begreifen und uns für sein Kommen am Ende dieser Zeit bereit machen, das ist der Sinn des Kirchenjahres und alles liturgischen Tuns.

Der Große Sonntags-Schott

Wortmeldungen
zum
Kirchenjahr

Advent

Weniger aber
ist mehr:

bereit sein,
nicht fertigmachen

Raum geben,
nicht Platz nehmen

blühen lassen,
nicht abernten

Zeit haben,
nicht nur schenken

vertrauen dürfen,
nicht wissen wollen

umkehren,
nicht stehenbleiben ...

Weihnachte

Die Botschaft
keine Hiobsbotschaft,
die Nachricht
keine Schreckensnachric
der Traum
kein Alptraum.

Gott wird Mens

das hat Folgen,
das bringt in Bewegung,
das eröffnet Möglichkeite
das macht betroffen

Gott wird Mensc

in unseren Zeiten,
in der heutigen Situation,
in einer Welt,
die nur eines braucht:

Gott wird Mensc

Ostern

Die Brücke
ist geschlagen,
die Tore sind
aufgerissen.

Du bist
an den Rand
gegangen,
hast dich
hinabgebeugt.

Du bringst uns
an Ufer
neuen Lebens.

Der dritte Tag
ist unsere
große Stunde.

Himmelfahrt

Hinauf wollen.
Höhe gewinnen.
Oben sein.

Das ist
der Himmel
der Menschen
auf Erden.

Jesus Christus:
„aufgefahren in
den Himmel".

Das ist
ein Ostern
ohne Ende,
das Leben
ohne Tod.

Pfingst

Heiliger Geist.

Das hört sich
so gebildet an
und fromm.
Das versteht
kein Mensch.
Was soll's?

Feuer und Zungen.
Die Bilder versagen,
die Sprache verstumm
Der Glaube bekennt:
Der Geist Gottes
wirkt.

Epiphanie

Da war nicht viel.
s war nicht groß.
anz einfach ein
ind.

in Stern geht auf!

ahergeeilte Könige
achen es deutlich:

as Kind,
er König,
er Herr.

in Stern leuchtet auf!

infach herrlich.

Aschermittwoch

Jetzt ist
längst nicht
alles vorbei.

Jetzt erst
fängt es
richtig an.

Kein Zeichen für den
Staub des Vergessens
prägt uns, aber der
Eindruck des Hoffens
nimmt unsere Zukunft
ernst.

Karfreitag

Es ist ein Kreuz",
sagt man und meint
das Leben
im Achtstundentag,
als Siebentagerennen
und
Zwölfmonatswechsel;
jahrein, jahraus.

„Es ist ein Kreuz",

bekennen wir
und meinen
Leben
Heute.
Morgen.
Immer.
Von Ewigkeit
zu Ewigkeit.

Fronleichnam

Geheimnis
es Glaubens:

en Brotlosen
rot sein.

Ind mehr noch.

eichen
es Glaubens:

ls Brotlose
rot des Lebens
rechen,
Christus
egegnen.

Allerheiligen

Auf Namenstage
verlegt,
zu Litaneien geronnen,
in Kirchenwinkel
gerückt:
die Heiligen von gestern.
Ein paar
Häuser weiter,
im Alltag
versteckt;
nur Flugstunden
entfernt,
im Elend
der Slums:
die Heiligen
von heute.

Alle Heiligen:
Zeitgenossen
Gottes.

Werner Schaube

GLAUBENS-
FAZIT

Christen-Menschen.
Sie werden festgelegt
auf das Programm dessen,
nach dem sie sich nennen.
Maßstab, Prüfstand
für ein Leben
mit allen Möglichkeiten:
sich gehalten wissen
und getrieben wissen
von Jesus, dem Christus.
Seine Botschaft
ins Heute übersetzen,
Zeugnis geben,
auf der Seite derer sein,
denen er das Gottesreich
zusagte.
Gemeinsam glauben:
Kirche leben.

Christentum

Wer über das Christentum Auskunft geben soll, gerät augenblicklich in Verlegenheit. Was Christentum ist, läßt sich nicht auf eine kurze Formel bringen. Das Christentum tritt uns in Gestalt von vielen und recht vielgestaltigen Christentümern entgegen. Schon im ersten Jahrtausend haben sich östliches und westliches Christentum unterschiedlich entwickelt, was nach mancherlei Irrungen und Wirrungen im 11. Jahrhundert zu einem bis heute andauernden Bruch geführt hat. Im 16. Jahrhundert ist in den tragischen Auseinandersetzungen von Reformation und Gegenreformation auch die Westkirche in ver-

Zeittafel

ca. 7/6 v. Chr. bis 30 n. Chr.	Leben und Auftreten Jesu von Nazaret
ab ca. 32	Wirken und Missionsreisen des Apostels Paulus
um 48/49	„Apostelkonzil" in Jerusalem: Freiheit vom jüd. Gesetz
um 64–67	Martyrium der Apostel Petrus und Paulus in Rom
ca. 150	Abschluß der Entstehung des Neuen Testaments
3./4. Jh.	Zeit der großen Christenverfolgungen
313	Mailänder Edikt des Konstantin; Christentum erlaubte Religion
325	I. ökumenisches Konzil in Nikaia: Christus wahrer Gott
380	Edikt des Theodosius: Christentum Staatsreligion
451	IV. ökumenisches Konzil in Chalcedon: Christus wahrer Gott und wahrer Mensch
um 480–547	Benedikt von Nursia: Begründer des abendländischen Mönchtums
754	Pippinische Schenkung: Anfänge des Kirchenstaates
800	Kaiserkrönung Karls d. Gr.: Anfänge des Heiligen Römischen Reiches Deutscher Nation
1054	Endgültiges Schisma zwischen Ost- und Westkirche
1077–1122	Investiturstreit: Auseinandersetzung um d. Freiheit v. Kirche u. Reich
1096–1270	Zeitalter der Kreuzzüge
1215	IV. Laterankonzil: Höhepunkt päpstl. Machtentfaltung
1309–1377	„Babylonische Gefangenschaft" der Päpste in Avignon
1378–1417	Abendländisches Schisma
1517	Ablaßstreit und Beginn der Reformation durch Martin Luther
1522	Reformation in Zürich durch Zwingli
1536–64	Reformation in Genf durch Calvin
1545–63	Konzil von Trient: Abgrenzung gegen Reformation und Selbstreform der katholischen Kirche
1555	Augsburger Religionsfrieden
1869–70	Erstes Vatik. Konzil: Primat und Unfehlbarkeit des Papstes
1875	Gründung des Reformierten Weltbundes
1927	Erste Weltkirchenkonferenz „Faith and Order" in Lausanne
1947	Gründung des Lutherischen Weltbundes
1948	Erste Vollvers. des Ökum. Rates der Kirchen in Amsterdam
1961	Erste panorthodoxe Konferenz auf Rhodos
1962–65	Zweites Vatikanisches Konzil: Innere Erneuerung und ökumenische Öffnung der katholischen Kirche

schiedene Konfessionskirchen auseinandergebrochen. Nach einer jahrhundertelangen Geschichte immer wieder neuer Kirchenbildungen ist erst in der ökumenischen Bewegung unseres Jahrhunderts ein rückläufiger Prozeß in Gang gekommen; seither hat eine verheißungsvolle neue Annäherung der getrennten christlichen Kirchen begonnen. Gleichzeitig hat jedoch in allen großen christlichen Kirchen ein Prozeß der inneren Differenzierung und Polarisierung eingesetzt, der mit den Schlagworten von einer konservativen und einer progressiven Richtung nur unzureichend charakterisiert werden kann. Bei diesem noch nicht ausgestandenen Streit innerhalb aller Kirchen geht es letztlich um die Frage, in welcher Weise die christliche Tradition unter den heutigen Bedingungen so zu verstehen und zu verwirklichen ist, daß das Christentum gerüstet ist für das dritte Jahrtausend seiner Geschichte.

Das Christentum hat im Laufe seiner fast zweitausendjährigen Geschichte tiefgreifende Entwicklungen mitgemacht, und es steht gegenwärtig mitten in einer noch offenen geschichtlichen Entwicklung. (...)
Die Frage, was denn eigentlich und bleibend christlich sei, was das entscheidend und unterscheidend Christliche, das alle Christen Verbindende und für alle Verbindliche sei, läßt sich aufgrund des Gesagten nicht mit Hilfe einer allgemeinen Wesensformel oder durch Bekenntnis- und Katechismussätze beantworten. Gerade damit diese bleibend verbindlich sein können, müssen sie in die Sprache und Problemstellung unserer Zeit übersetzt werden. (...)

Aufgrund dieser geschichtlichen Verfaßtheit des Christentums ist allen, die sich Christen nennen, eines gemeinsam: Sie berufen sich auf die Geschichte und das Geschick von Jesus Christus und beanspruchen, seine Person und seine „Sache" zu vergegenwärtigen. (...)
Das entscheidend und unterscheidend Christliche ist deshalb nicht eine Idee oder ein Prinzip, sondern ein Name und eine Person. Was Christentum ist, muß sich deshalb aus der Geschichte von Jesus Christus und der Geschichte seiner Vergegenwärtigung in der Kirche ergeben.

Walter Kasper

GLAUBENSFAZIT

Augustinus

Groß bist du, Herr, und hohen Preises würdig überaus; groß ist deine Kraft, und deine Weisheit ohne Maß. Und es will dich loben der Mensch, deiner Schöpfung nur ein Teil; ja der Mensch, der mit sich herumträgt seine Sterblichkeit, herumträgt das Zeugnis seiner Sünde und auch das Zeugnis, daß du „den Stolzen widerstehst“: Und dennoch, loben will dich der Mensch, nur ein Teil deiner Schöpfung. Du machst es, daß dein Lob Erquickung ist; denn zu dir hin hast du uns erschaffen, und unruhig ist unser Herz, bis es ruhe in dir.

Wessobrunner Gebet (8. Jahrhundert)

Das erfuhr ich unter den Menschen
als der Wunder größtes,
daß Erde nicht war noch Himmel,
noch Baum, noch Berg nicht war,
noch irgendwas;
noch Sonne nicht schien,
noch Mond nicht leuchtete,
noch das herrliche Meer.
Als noch nichts war von Enden und Grenzen,
da war der eine allmächtige Gott,
der Männer mildester.

Und da waren auch manche mit ihm,
göttliche Geister.
Allmächtiger Gott,
der du Himmel und Erde schufest
und dem Menschen so manches Gut gabst,
gib mir in deiner Gnade
rechten Glauben und guten Willen,
Weisheit und Klugheit und Kraft,
Teufeln zu widerstehen
und Böses zu meiden,
und deinem Willen zu gehorchen!

Basiliusliturgie

Durch Deine Güte suche uns heim, o Herr, und zeige Dich uns im Reichtum Deiner Erbarmungen. Verleihe uns eine wohlbeschaffene und zuträgliche Luft, schenke der Erde Regen zur Fruchtbarkeit und segne den Kranz des Jahres Deiner Güte. Beseitige die Spaltungen der Kirche, dämpfe den Übermut der Heiden und beendige durch die Kraft des Heiligen Geistes den Aufruhr der Häresien. Nimm uns alle in Dein Reich auf und zeige uns als Söhne des Lichtes und Kinder des Tages und schenke uns, o Herr, unser Gott, Deinen Frieden und Deine Liebe; denn Du hast uns alles gegeben.
Und gib uns, mit einem Munde und mit einem Herzen Deinen hochverehrten und erhabenen Namen zu verherrlichen und zu preisen, den Namen des Vaters, des Sohnes und des Heiligen Geistes, jetzt und allezeit und in alle Ewigkeit.

GLAUBENSFAZIT

Franziskus

Du Höchster, Allmächtiger, Einzig-Guter,
Dein ist der Lobpreis und Ruhm, die Ehre und jegliches Benedeien.
Dir allein, Höchster, gebühren sie.
Und keiner der Menschen ist wert, dich im Munde zu führen.

Sei gelobt, mein Herr, mit all deinen Kreaturen.
Sonderlich mit der hohen Frau, unserer Schwester, der Sonne,
Die den Tag macht und mit ihrem Licht uns leuchtet.
Wie schön in den Höhn und prächtig in mächtigem Glanze
Bedeutet sie, Herrlicher, dich!

Sei gelobt, mein Herr, für Bruder Mond und die Sterne,
Die du am Himmel geformt in köstlich funkelnder Ferne.
Sei gelobt, mein Herr, für Bruder Wind
Und für Luft und Gewölk und heitres und jegliches Wetter,
Wodurch du belebst die Kreaturen, daß sie sind.

Sei gelobt, mein Herr, für die Schwester Quelle,
Die so nützlich ist, gering und köstlich und keusch und helle.

Sei gelobt, mein Herr, für Bruder Feuer,
Durch den du erleuchtest die Nacht.
Sein Sprühn ist kühn, heiter ist er, schön und gewaltig stark.

Sei gelobt, mein Herr, durch unsere Schwester, die Mutter Erde,
Die uns versorgt und nährt
Und zeitigt allerlei Früchte und farbige Blumen und Gras.

Sei gelobt, mein Herr, für jene, die verzeihen aus Liebe zu dir
Und Elend tragen und Mühsal.
Selig jene, die dulden im Frieden,
Weil sie von dir, o Höchster, die Krone empfangen.

Sei gelobt, mein Herr, für unsern Bruder Tod, den herben,
Dem kein Lebender entrinnen kann.
Weh, ach, denen, die sterben in Todessünden.
Selig jene, die sich gefunden in deinem heiligsten Willen,
Denn ihnen kann der zweite Tod nicht an.

Lobet und preiset meinen Herrn voll Dankbarkeit
Und dienet ihm in aller Niedrigkeit!

Thomas von Kempen

"Wer mir nachfolgt, wandelt nicht in Finsternis." Das sind Christi eigene Worte, mit denen Er uns ermutigt, seiner Lebensart getreulich nachzufolgen, sofern wir wahrhaft im Lichte wandeln und von aller Blindheit des Herzens befreit sein wollen. So muß es also unser höchstes Streben sein, uns in die Betrachtung des Lebens Jesu Christi zu versenken.

Christi Lehre steht über allen Lehren der Heiligen; und ist einer von Christi Geist erfüllt, so wird er der Lebenskraft gewahr werden, die darin verborgen ist. Doch so eben ist es: Viele hören oft die Frohbotschaft und spüren trotzdem das heilige Feuer nicht in sich, da sie Christi Geist noch nicht haben. Wer aber des Heilands Worte ganz und gar verstehen will, der muß sein ganzes Leben nach Christi Leben zu formen trachten.

Was nützt es dir, über die Dreieinigkeit gelehrte Reden zu führen, wenn du der Demut ermangeltest, ohne die du der Dreieinigkeit ferne stündest? Nein, gescheite Worte machen dich nicht zum Heiligen und nicht zum Gerechten, aber ein Leben der Tugend macht dich zu Gottes Freund. Mir wäre es viel lieber, lebendige Empfindung der Buße selbst zu spüren, als recht gelehrt darüber reden zu können. Trügst du die ganze

Martin Luther

Mitten wir im Leben sind
mit dem Tod umfangen.
Wen suchn wir, der Hilfe tu,
daß wir Gnad erlangen?
Das bist du, Herr, alleine.
Uns reuet unsre Missetat,
die dich, Herr, erzürnet hat.
Heiliger Herre Gott,
heiliger starker Gott,
heiliger barmherziger Heiland,
du ewiger Gott:
laß uns nicht versinken
in des bittern Todes Not.
Kyrieleison.

Bibel und alle Sprüche der Gelehrten als geistigen Besitz in dir, was nützte dir all dies ohne die gnadenvolle Liebe Gottes? Ja, „Eitelkeit der Eitelkeiten, alles ist Eitelkeit" außer der Liebe zu Gott und dem „Dienst an ihm allein". Das fürwahr ist der Gipfel der Weisheit, auf dem Wege gebührender Geringwertung der Welt zum himmlischen Reiche zu streben!

Ein leerer Wahn ist es, nach vergänglichem Reichtum die Hand auszustrecken und darauf seine Hoffnung zu bauen, ein eitler Wahn, nach äußerer Ehre zu geizen und sich zu erhöhen, ein Wahn, dem Fleischgelüst nachzugeben und nach Freuden zu jagen, die schwere Strafe nach sich ziehen müssen, ein Wahn, ein langes Leben zu wünschen, ohne sich über den sittlichen Wert dieses Lebens auch nur Gedanken zu machen, ein Wahn, nur für das Gegenwärtige zu sorgen, ohne an das Kommende zu denken; ein leerer Wahn, daran sein Herz zu hängen, was eilenden Flugs vorüberzieht, statt dorthin zu trachten, wo unvergängliche Freude währt.

Denke oft an das bekannte Wort: „Das Auge wird nicht satt vom Sehen, das Ohr nicht satt vom Hören." Darum laß nicht ab, dein Herz von allem Hang zum Irdischen zu lösen und es zum Ewigen zu wenden! Denn wer nur seinem eigenen Fühlen folgt, befleckt sein Gewissen und geht der göttlichen Gnade verlustig.

Mitten in der Höllen Angst
unsre Sünd' uns treiben.
Wo solln wir denn fliehen hin,
da wir mögen bleiben?
Zu dir, Herr Christ, alleine.
Vergossen ist dein teures Blut,
das gnug für die Sünde tut.
Heiliger Herre Gott,
heiliger starker Gott,
heiliger barmherziger Heiland,
du ewiger Gott:
laß uns nicht entfallen
von des rechten Glaubens Trost.
Kyrieleison.

Mitten in dem Tod anficht
uns der Höllen Rachen.
Wer will uns aus solcher Not
frei und ledig machen?
Das tust du, Herr, alleine.
Es jammert dein Barmherzigkeit
unsre Sünd und großes Leid.
Heiliger Herre Gott,
heiliger starker Gott,
heiliger barmherziger Heiland,
du ewiger Gott:
laß uns nicht verzagen
vor der tiefen Höllen Glut.
Kyrieleison.

GLAUBENSFAZIT

Blaise Pascals Mémorial
vom 23. November 1654

Das Jahr der Gnade 1654.
Montag, 23. November, Tag des heiligen Clemens, Papstes und Martyrers, und anderer im Martyrologium.
Vigil des heiligen Chrysogonus, Martyrers, und anderer.
Von ungefähr zehn und ein halb Uhr am Abend bis ungefähr eine halbe Stunde nach Mitternacht, Feuer.

„Gott Abrahams, Gott Isaaks, Gott Jakobs", nicht der Philosophen und Gelehrten.
Gewißheit, Gewißheit. Empfindung. Freude. Friede.
Gott Jesu Christi.
Deum meum et Deum vestrum.
„Dein Gott soll mein Gott sein."
Vergessen der Welt und aller Dinge, ausgenommen Gott.
Er wird nur auf den Wegen gefunden, die im Evangelium gelehrt sind.
Größe der menschlichen Seele.
„Gerechter Vater, die Welt hat Dich nicht erkannt, aber ich habe Dich erkannt."
Freude, Freude, Freude, Tränen der Freude.
Ich habe mich von ihm getrennt: Dereliquerunt me fontem aquae vivae. „Mein Gott, wirst Du mich verlassen?" Möge ich nicht ewig von ihm getrennt werden.
„Dies ist das ewige Leben, daß sie Dich erkennen, den einzigen, wahren Gott, und den Du gesandt hast, Jesus Christus."
Jesus Christus.
Jesus Christus.
Ich habe mich von ihm getrennt; ich bin vor ihm geflohen, ich habe ihn verleugnet, gekreuzigt. Möge ich nie von ihm getrennt sein.
Er wird nur auf den Wegen bewahrt, die im Evangelium gelehrt sind: vollkommene, innige Entsagung.
Vollkommene Unterwerfung unter Jesus Christus und unter meinen geistlichen Führer.
Ewig in der Freude für einen Tag der Plage auf Erden.
Non obliviscar sermones tuos. Amen.

Teilhard de Chardin, Hymne an die Materie

Gesegnet seist du, herbe Materie, unfruchtbarer Boden, harter Fels, du, die du nur der Gewalt weichst und uns zwingst, zu arbeiten, wenn wir essen wollen.
Gesegnet seist du, universelle Materie, grenzenlose Dauer, uferloser Äther – dreifacher Abgrund der Sterne, der Atome und Generationen – du, die du, unsere engen Maße überflutend und auflösend, uns die Dimensionen Gottes offenbarst.
Ich segne dich, Materie, und ich grüße dich, nicht so, wie dich die hohen Herren der Wissenschaften und Tugendprediger verkürzt oder entstellt beschreiben ..., sondern so, wie du mir heute erscheinst, in deiner Totalität und in deiner Wahrheit.

Von guten Mächten

Von guten Mächten treu und still umgeben,
behütet und getröstet wunderbar,
so will ich diese Tage mit euch leben
und mit euch gehen in ein neues Jahr.

Noch will das alte unsre Herzen quälen,
noch drückt uns böser Tage schwere Last,
ach, Herr, gib unsern aufgescheuchten Seelen
das Heil, für das Du uns bereitet hast.

Und reichst Du uns den schweren Kelch, den bittern
des Leids, gefüllt bis an den höchsten Rand,
so nehmen wir ihn dankbar ohne Zittern
aus Deiner guten und geliebten Hand.

Doch willst Du uns noch einmal Freude schenken
an dieser Welt und ihrer Sonne Glanz,
dann wolln wir des Vergangenen gedenken,
und dann gehört Dir unser Leben ganz.

Papst Johannes XXIII.

Die Hauptaufgabe des Konzils liegt darin, das heilige Überlieferungsgut (depositum fidei) der christlichen Lehre mit wirksameren Methoden zu bewahren und zu erklären. Diese Lehre umfaßt den ganzen Menschen, der aus Leib und Geist besteht, und sie heißt uns, die wir die Erde bewohnen, als Pilger unserem himmlischen Vaterland entgegenzugehen ... Doch ist es nicht unsere Aufgabe, diesen kostbaren Schatz nur zu bewahren, als ob wir uns einzig und allein für das interessieren, was alt ist, sondern wir wollen jetzt freudig und furchtlos an das Werk gehen, das unsere Zeit erfordert, und den Weg fortsetzen, den die Kirche seit zwanzig Jahrhunderten zurückgelegt hat. Es ist auch nicht unsere Sache, gleichsam in erster Linie einige Hauptpunkte der kirchlichen Lehre zu behandeln und die Lehre der Väter wie der alten und neueren Theologen weitläufig zu wiederholen, denn Wir glauben, daß ihr diese Lehren kennt und sie eurem Geiste wohl vertraut sind. Denn für solche Disputationen müßte man kein ökumenisches Konzil einberufen. Heute ist es wahrhaftig nötig, daß die gesamte christliche Lehre ohne Abstrich in der heutigen Zeit von allen durch ein neues Bemühen angenommen werde.

Laß warm und still die Kerzen heute flammen,
die Du in unsre Dunkelheit gebracht,
führ, wenn es sein kann, wieder uns zusammen.
Wir wissen es, Dein Licht scheint in der Nacht.

Wenn sich die Stille nun tief um uns breitet,
so laß uns hören jenen vollen Klang
der Welt, die unsichtbar sich um uns weitet,
all Deiner Kinder hohen Lobgesang.

Von guten Mächten wunderbar geborgen,
erwarten wir getrost, was kommen mag.
Gott ist mit uns am Abend und am Morgen
und ganz gewiß an jedem neuen Tag.

Dietrich Bonhoeffer
Dezember 1944

GLAUBENSFAZIT

Osterbotschaft von Taizé

Der auferstandene Christus kommt, um im Innersten des Menschen ein Fest lebendig werden zu lassen. Er bereitet uns einen Frühling der Kirche: eine Kirche, die über keine Machtmittel mehr verfügt, bereit, mit allen zu teilen, ein Ort sichtbarer Gemeinschaft für die gesamte Menschheit.

Er wird uns genügend Phantasie und Mut dazu geben, einen Weg zur Versöhnung zu bahnen.

Er selber wird uns bereit machen, unser Leben hinzugeben, damit der Mensch nicht mehr des Menschen Opfer sei.

GLAUBENSFAZIT

Unsere Hoffnung.
Ein Bekenntnis zum Glauben in dieser Zeit

Unsere Hoffnung setzt den Glauben an die Welt als Schöpfung Gottes voraus. Und in der Hoffnung auf den neuen Himmel und die neue Erde kommt unser Schöpfungsglaube in sein Ziel. Hoffnung und Schöpfungsglaube gehören untrennbar zusammen, wie zwei Seiten einer Münze. Deshalb gehört zu unserer Hoffnung die Bereitschaft, diese unsere tödliche, in sich verfeindete und leidvoll zerrissene Welt ohne Zynismus und ohne schlechte Naivität als letztlich zustimmungsfähig anzuerkennen, als verborgenen Anlaß zur Dankbarkeit und zur Freude: als Schöpfung Gottes. Zu unserer Hoffnung gehört also die Fähigkeit, ja zu sagen, und die Bereitschaft, zu feiern und zu loben – obwohl es so viel Verneinungswürdiges gibt und obwohl keineswegs alles gut ist, so wie es ist. (...)

Jedenfalls dürfen wir Christen nicht aufhören, unsere Hoffnung als ein Fest zu feiern, das unsere Lebenswelt durchstrahlt und in dem auch etwas von der Solidarität der Gesamtschöpfung aufscheint, innerhalb deren der Mensch zur Herrschaft, nicht aber zur Willkür eingesetzt ist. Das Leiden lernen in einer leidensflüchtigen, apathischen Welt, aber auch die Freude lernen, diesseitiges Vergnügen an Gott und seinen Verheißungen in einer überanstrengten Welt: das gehört nicht zuletzt zu den Sendungen unserer Hoffnung in dieser Zeit und für sie.

Gemeinsame Synode der Bistümer in der Bundesrepublik Deutschland

Christsein

In der Nachfolge Jesu Christi
kann der Mensch in der Welt von heute
wahrhaft menschlich leben,
handeln, leiden und sterben:
in Glück und Unglück,
Leben und Tod gehalten von Gott und
hilfreich den Menschen.

Hans Küng

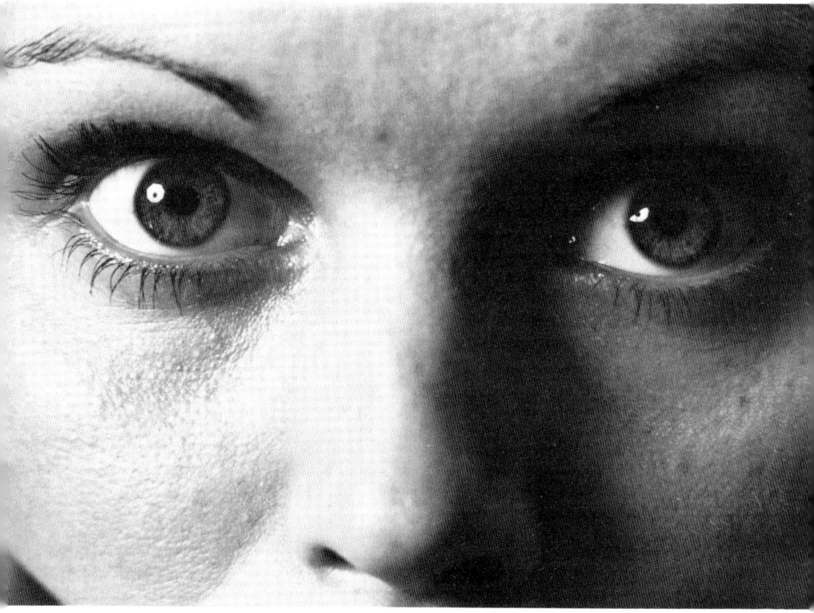

Hast du schon einmal geschwiegen, obwohl du dich verteidigen wolltest, obwohl du ungerecht behandelt wurdest?

Hast du schon einmal verziehen, obwohl du keinen Lohn dafür erhieltest und man dein schweigendes Verzeihen als selbstverständlich annahm?

Hast du schon einmal etwas drangegeben, ohne Dank, ohne Anerkennung, selbst ohne das Gefühl einer inneren Befriedigung?

Warst du schon einmal restlos einsam? Hast du dich schon einmal zu etwas entschieden, rein aus dem inneren Spruch deines Gewissens heraus? Du kannst es niemandem mehr sagen, niemandem klarmachen; wenn du weißt, daß du eine Entscheidung fällst, die dir niemand abnimmt, die du für immer zu verantworten hast?

Hast du schon einmal versucht zu lieben, wo keine Welle einer gefühlvollen Begeisterung dich trägt, wo alles ungreifbar und scheinbar sinnlos zu werden scheint?

Hast du einmal eine Pflicht getan, wo man sie scheinbar nur tun kann mit dem Gefühl, sich selbst auszustreichen oder eine entsetzliche Dummheit zu tun, die einem niemand dankt?

Warst du einmal gut zu einem Menschen, von dem kein Echo der Dankbarkeit und des Verständnisses zurückkommt, und du auch nicht durch das Gefühl belohnt wurdest, „selbstlos" oder „anständig" gewesen zu sein?

Suche solche Erfahrungen in deinem Leben. Wenn du solche findest, hast du die Erfahrung des Geistes gemacht. Die Erfahrung, daß der Geist mehr ist als ein Stück dieser zeitlichen Welt. Die Erfahrung, daß der Sinn des Menschen nicht im Sinn und Glück dieser Welt aufgeht. Die Erfahrung eines Wagnisses, das eigentlich keine ausweisbare, dem Erfolg dieser Welt entnommene Begründung mehr hat.

Wenn du die Erfahrung des Geistes machst, dann hast du, als Christ zumindest kannst du das glauben, faktisch auch schon die Erfahrung Gottes gemacht. Sehr anonym vielleicht. Sogar so, daß du dich dabei nicht umwenden kannst und auch nicht darfst, um Gott direkt in den Blick zu bekommen. Um etwa zu sagen: Da ist er, ich habe ihn.

Man kann ihn nicht finden, um ihn triumphierend als sein Eigentum zu erklären. Man kann ihn nur finden, indem man sich vergißt. Man kann ihn nur finden, indem man sich dahingibt, ohne zu sich selbst zurückzukehren.

Ein weiter Weg vielleicht – aber ein Weg!

Karl Rahner

Einführung in das Christentum

Das Ziel des Christen ist nicht eine private Seligkeit, sondern das Ganze. Er glaubt an Christus, und er glaubt darum an die Zukunft der Welt, nicht bloß an seine Zukunft. Er weiß, daß diese Zukunft mehr ist, als er selbst erschaffen kann. Er weiß, daß es einen Sinn gibt, den er gar nicht zu zerstören vermag. Aber soll er darum die Hände in den Schoß legen? Im Gegenteil – weil er weiß, daß es Sinn gibt, darum kann er und muß er freudig und unverzagt das Werk der Geschichte tun, auch wenn er von seinem kleinen Ausschnitt her das Gefühl haben wird, es bleibe eine Sisyphusarbeit und der Stein des menschlichen Geschicks werde nur immer neu, Generation um Generation, nach oben gerollt, um ebenso neu immer wieder zu entgleiten und alle Bemühungen von vorher zuschanden zu machen. Wer glaubt, weiß, daß es „vorwärts" geht, nicht im Kreis. (...) Vielleicht werden auch den Christen die Alpträume der Furcht vor der Vergeblichkeit überfallen, aus denen heraus die vorchristliche Welt solche bewegenden Bilder der Angst vor der Fruchtlosigkeit menschlichen Tuns geschaffen hat. Aber in seinen Alptraum dringt rettend und verwandelnd die Stimme der Wirklichkeit: „Habt Mut, ich habe die Welt überwunden" (Jo 16,33). Die neue Welt, mit deren Darstellung im Bild des endgültigen Jerusalem die Bibel schließt, ist keine Utopie, sondern Gewißheit, der wir im Glauben entgegengehen. Es gibt eine Erlösung der Welt – das ist die Zuversicht, die den Christen trägt und die es ihm auch heute noch lohnend macht, ein Christ zu sein.

Joseph Ratzinger

Über die Namen der Dinge hinaus,
über die Sprache hinaus,
über die Wissenschaft hinaus,
über die Begriffe hinaus –
in die FREMDE,
wie Abraham, dem geheißen war: „Zieh fort aus deiner Heimat,
fort aus deiner Stadt, fort aus dem Haus deines Vaters, fort …,
und geh in das Land, das ich dich schauen lassen will …"

Geh, verlaß die Heimat, die Welt, darin du geboren bist, darin du dich eingerichtet hast – das Haus voll von den Namen der Dinge, die um dich sind, laß alles, was dir die Sprache über sie vorspricht, laß auch alles, was dir die Wissenschaft über sie zu wissen gibt, laß auch die Begriffe, mit denen du nach den Dingen greifst –
laß dieses Haus hinter dir, geh! Dann wirst du, vielleicht wirst du dann dem Anderen begegnen, für das du weder Namen noch Wissen, noch Begriffe hast, dem ur- und ingründig Wirklichen und Wirkenden begegnen. Du wirst „schauen" …

Und wenn du dann in das Land Chaldäa, in das Haus deines Vaters und deiner Mutter und deiner Brüder zurückkehrst,
du wirst zurückkehren,
dann werden dich die Namen an das Namenlose,
die Sprache an das Unaussprechliche,
das Wissen an das Unwißbare,
die Begriffe an das Unbegreifliche erinnern,
dann wird noch ein anderes in deinem Hause wohnen – das Andere, das Fremde, das – Mysterium.

Dann ist kein Ding mehr, was es dir zuvor gewesen, ein jedes, eins um das andere, wird dir einen Namen sagen, den du nicht nachsprechen kannst.

Und dann wird dir, vielleicht wird dir dann aus allem und jedem, das um dich ist, das Unnennbare erscheinen,
und du wirst jene Stimme hören, die du noch nie gehört, sehr nah und gewaltig wirst du sie rufen hören:

ICH BIN DA!

Fridolin Stier

GLAUBENSFAZIT

Höre meine Stimme und gewähre der Welt
deinen immerwährenden Frieden!

Krieg ist das Werk des Menschen. Krieg bedeutet Zerstörung menschlichen Lebens. Krieg bedeutet Tod. (...) Das Ziel muß immer der Friede sein: Der Friede muß unter allen Umständen angestrebt und bewahrt werden. Wiederholen wir nicht Fehler der Vergangenheit, einer Vergangenheit der Gewalt und Zerstörung! Gehen wir den steilen und schwierigen Pfad des Friedens, den einzigen Weg, der der menschlichen Würde angemessen ist, den einzigen Weg, der zur wahren Erfüllung der menschlichen Bestimmung führt, den einzigen Weg in die Zukunft, in der Gleichheit, Gerechtigkeit und Solidarität Wirklichkeiten und nicht bloß ferne Träume sind. (...)
Den Staatsoberhäuptern und Regierungschefs, den Mächtigen in Politik und Wirtschaft rufe ich zu: Verschreiben wir uns dem Frieden, dem Frieden durch Gerechtigkeit! Entscheiden wir uns feierlich, hier und jetzt, als Mittel zur Lösung von Streitigkeiten nie mehr Krieg zuzulassen oder gar zu suchen! Versprechen wir unseren Mitmenschen, uns unermüdlich um Abrüstung und für die Ächtung aller Kernwaffen zu bemühen! Laßt uns Gewalt und Haß ersetzen durch gegenseitiges Vertrauen und Solidarität!

Jedem Menschen in diesem Land und in der Welt rufe ich zu: Fühlen wir uns verantwortlich füreinander und für die Zukunft: über alle politischen und gesellschaftlichen Grenzen hinweg! Erziehen wir uns und erziehen wir die anderen im Geist des

Friedens! Lassen wir die Menschheit niemals mehr zum Opfer im Kampf zwischen wetteifernden Systemen werden! Nie wieder darf es einen Krieg geben! (....)

Und zum Schöpfer von Natur und Mensch, von Wahrheit und Schönheit bete ich: Höre meine Stimme, denn es ist die Stimme der Opfer aller Kriege und aller Gewalt unter einzelnen Nationen; höre meine Stimme, denn es ist die Stimme aller Kinder, die leiden und leiden werden, wenn Menschen ihr Vertrauen auf Waffen und Krieg setzen; höre meine Stimme, wenn ich dich bitte, den Herzen aller Menschen die Weisheit des Friedens, die Kraft der Gerechtigkeit und die Freude der Gemeinschaft einzugeben; höre meine Stimme, denn ich spreche für die vielen in jedem Land und in jeder Epoche der Geschichte, die den Krieg nicht wollen und bereit sind, die Straße des Friedens zu gehen; höre meine Stimme und gewähre uns Einsicht und Kraft, damit wir immer Haß mit Liebe, Ungerechtigkeit mit voller Hingabe an die Gerechtigkeit, Not mit Selbstverzicht, Krieg mit Frieden beantworten.

O Gott, höre meine Stimme
und gewähre der Welt
deinen immerwährenden Frieden!

Papst Johannes Paul II.

GLAUBENSFAZIT

Gebet der Vereinten Nationen

Unsere Erde ist nur ein kleines Gestirn im großen Weltall.
Uns obliegt es, daraus einen Planeten zu machen,
dessen Geschöpfe nicht von Kriegen gepeinigt werden,
nicht von Hunger und Furcht gequält,
nicht zerrissen in sinnloser Trennung nach Rasse,
Hautfarbe oder Weltanschauung.

Gib uns den Mut und die Voraussicht,
schon heute mit diesem Werk zu beginnen,
auf daß unsere Kinder und Kindeskinder
einst mit Stolz den Namen Mensch tragen.

Stephen Vincent Benét

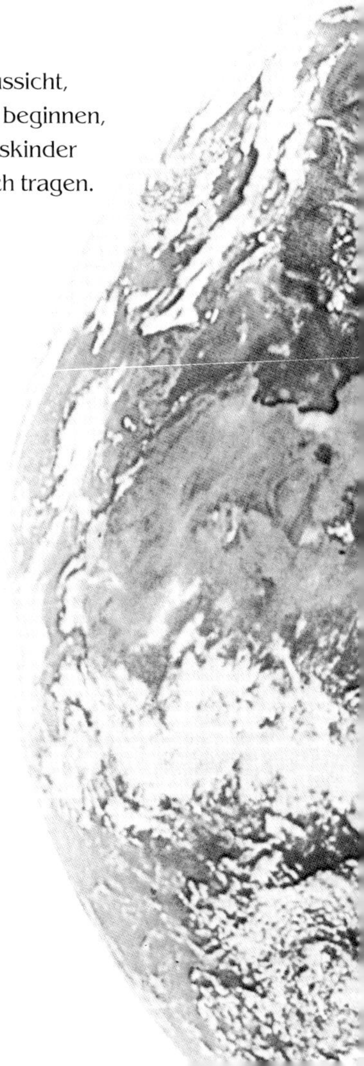

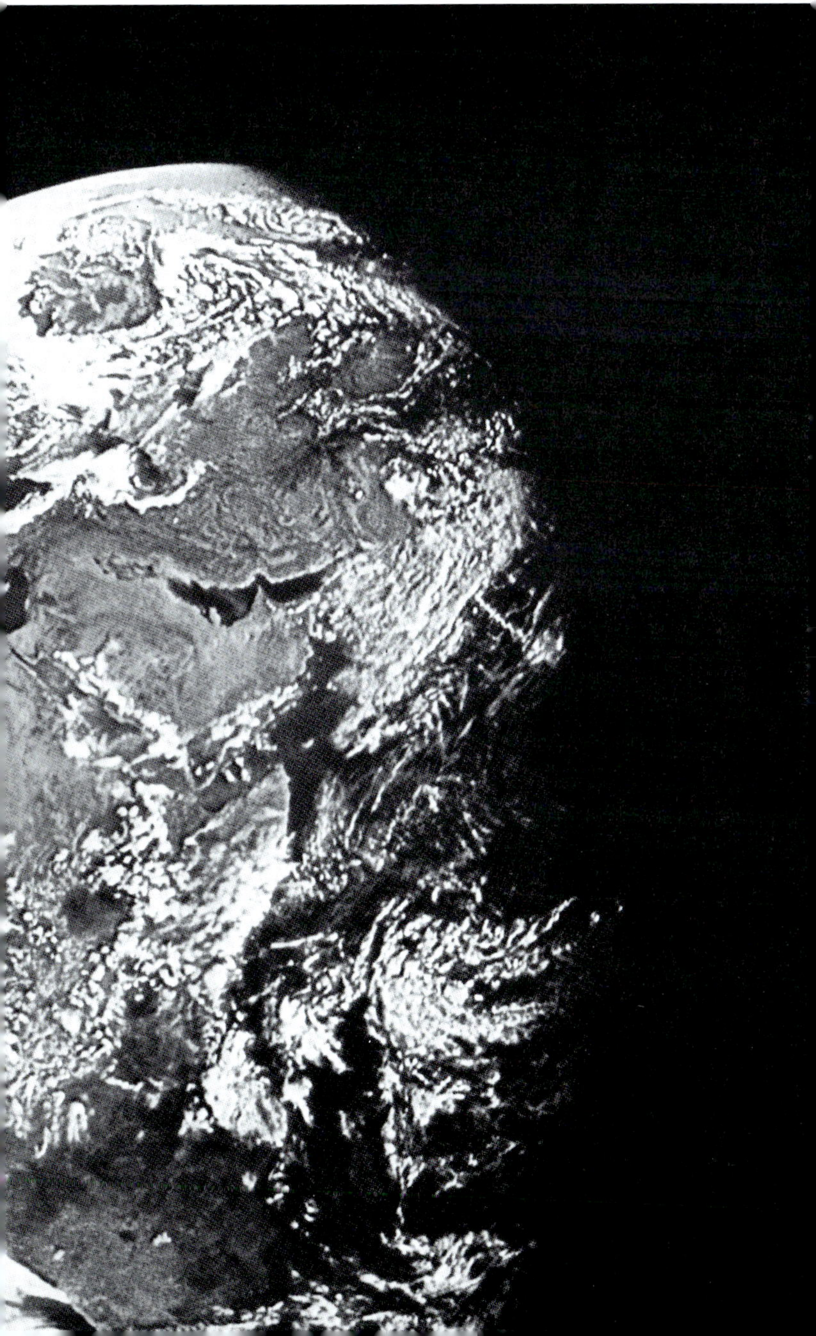

QUELLEN

Seite 52	Herr, ich werfe meine Freude Aus: Fritz Pawelzik, Ich werfe meine Freude an den Himmel. Gesammelte Gebete aus Afrika, Aussaat Verlag, Wuppertal ^{2}1982
Seite 64/65	Werner Schaube, Wortmeldungen zum Kirchenjahr Diese Texte sind als Poster (Format DIN A2) erhältlich im Don Bosco Verlag, München 1979
Seite 68	Walter Kasper, Christentum Aus: Emma Brunner-Traut (Hrsg.), Die fünf Weltreligionen, Herderbücherei 488, Verlag Herder, Freiburg ^{11}1984
Seite 70	Augustinus, Bekenntnisse Bekenntnisse und Gottesstaat. Sein Werk ausgewählt von Joseph Bernhart, Leipzig o.J. Kröners Taschenausgabe Bd. 80, Verlag Alfred Kröner, Stuttgart
Seite 71	Wessobrunner Gebet (aus dem 8. Jahrhundert, in einer Handschrift der ehemaligen Benediktinerabtei Wessobrunn in Oberbayern)
Seite 71	Basiliusliturgie Aus: Th. Schermann (Hrsg.), Vereinigung der Christen, Kösel-Verlag, Kempten und München 1912
Seite 72	Franz von Assisi, Sonnengesang (entstanden 1223)
Seite 74	Thomas von Kempen, Von der Nachfolge Christi Übersetzt von Hermann Endrös, Fischer-Taschenbuch 168, Fischer-Taschenbuchverlag, Frankfurt/Hamburg 1957
Seite 76	Blaise Pascal, Mémorial (vom 23.11.1654) Nach der endgültigen Ausgabe übertragen von Wolfgang Rüttenauer, Leipzig o.J.
Seite 77	Teilhard de Chardin, Hymne an die Materie Aus: Lobgesang des Alls, Walter-Verlag, Olten 1923
Seite 78	Dietrich Bonhoeffer, Von guten Mächten wunderbar geborgen Aus: Widerstand und Ergebung. Neuausgabe. Briefe und Aufzeichnungen aus der Haft, Chr. Kaiser Verlag, München ^{2}1977
Seite 79	Papst Johannes XXIII., Eröffnungsrede zum Zweiten Vatikanischen Konzil Zitiert nach: Herder-Korrespondenz, 17. Jahrgang 1962, Nr. 11 November, Verlag Herder, Freiburg
Seite 80	Osterbotschaft von Taizé Zitiert nach: José Luis Gonzálesz-Balado, Taizé – Frère Roger. Suche nach Gemeinschaft, Herderbücherei 667, Verlag Herder, Freiburg ^{3}1983

Seite 83	Synodenbeschluß, Unsere Hoffnung Aus: Gemeinsame Synode der Bistümer in der Bundesrepublik Deutschland, Band I: Beschlüsse der Vollversammlung, Verlag Herder, Freiburg [5]1982
Seite 83	Hans Küng, Christsein als radikales Menschsein Aus: Christsein, Verlag Piper, München 1974
Seite 84	Karl Rahner, Die Erfahrung des Geistes Aus: Die Erfahrung des Geistes. Meditation, Verlag Herder, Freiburg [3]1981
Seite 86	Joseph Ratzinger, Das Ziel des Christen Aus: Einführung in das Christentum. Vorlesungen über das Glaubensbekenntnis, Kösel-Verlag, München 1968
Seite 87	Fridolin Stier, Ohne Datum Aus: Vielleicht ist irgendwo Tag. Aufzeichnungen, Kerle Verlag, Freiburg und Heidelberg 1981
Seite 88	Papst Johannes Paul II., Friedensrede Ansprache vor dem Friedensdenkmal in Hiroshima am 25. Februar 1981

BASISLITERATUR

1464 Seiten,
Paperback
ISBN 3-451-19998-X
Festeinband
ISBN 3-451-18988-7

696 Seiten,
Sonderausgabe
in Paperback
ISBN 3-451-14819-6

688 Seiten,
Sonderausgabe
in Paperback
ISBN 3-451-16567-8

96 Seiten,
Paperback
ISBN 3-451-19428-7

120 Seiten,
Paperback
ISBN 3-451-19610-7

Lesejahr A und C:
je 848 Seiten
Lesejahr B:
In Vorbereitung

386 Seiten,
gebunden

264 Seiten,
Paperback

DAS PUZZLE-PROGRAMM

informativ
interessant
illustriert

ISBN 3-451-19353-1

ISBN 3-451-19729-4

Das Lesebuch zum Lebenspuzzle

ISBN 3-451-19665-4

ISBN 3-451-19875-4

dazu:
Musikkassette.
16 Lieder mit der Gruppe Aaron
ISBN 3-451-19966-1

Werner Schaube, geb. 1947, verheiratet, drei Kinder, arbeitet als Religionslehrer an einer berufsbildenden Schule. Seine Puzzle-Bücher wollen auf neue Weise die Lebens- und Glaubensfragen des Menschen von heute aufnehmen und ins Gespräch bringen.

VERLAG HERDER

Abbildungen:
Bildarchiv Herder 10/11, 24/25, 74, 76. – H. Christoph 23, 32, 61. – dpa/Gier 14. – R. Dietrich 35, 45, 54/55, 86. – European Space Agency 91. – foto-present/Stark 53, Herzog 63. – B. Klemm 6. – KNA 9, 31, 42. – R. Kunitsch 12, 27. – Lick Observatory University of California 39. – Markus 36/37, 41, 46, 77. – H. Multhaupt 78. – E. Sulzer-Kleinemeier 17, 56. – H. Truöl 21. – H. Vogler 88. – M. Vollmer 19, 50/51, 66, 70, 73, 80/81, 82. – A. Wiemer 58/59. Umschlagfoto: Sven Håkansson

Herstellung: Freiburger Graphische Betriebe 1984
Gestaltung: Erich Priester
ISBN 3-451-20080-5